인생 후반전
AI와 동행

| 하마터면 퇴직을 슬퍼할 뻔했다 |

인생 후반전
AI와 동행

김희연 · 고규영 · 정진혁 지음

좋은땅

차를 타고 달릴 때와 걸을 때 보이는 풍경이 다르듯, 퇴임 후의 시간은 우리에게 전혀 다른 세상을 보여 줍니다. 30여 년, 아니 어쩌면 그보다 더 오랜 시간을 쉼 없이 달려왔던 우리는, 이제 걸음의 속도로 달라진 풍경들을 마주하게 됩니다. 하지만 막상 그 길에 들어서면 설렘보다는 막막함이, 기대보다는 두려움이 먼저 다가오기 마련입니다.

급작스러운 일상의 변화는 정체성의 혼란을 가져오고, 가족 관계의 재정립이라는 숙제를 안겨 줍니다. 해야 할 일은 사라졌지만 시간은 넘쳐나고, 경제적 불안은 조급함을 부추깁니다. 무엇보다 "앞으로 어떻게 살아야 할까?"라는 근본적인 질문 앞에서 우리는 한동안 머뭇거리게 됩니다.

이 책은 그런 혼란의 순간을 먼저 겪어 본 퇴직자들의 이야기입니다. 30여 년을 글로벌 기업에서 근무하고 새로운 도전을 시작한 퇴임자와, 기업에서의 경력을 바탕으로 공직에 진출했다가 다시 제2의 인생을 모색 중인 퇴임자. 서로 다른 길을 걸었지만, 그들의 이야기는 퇴임을 앞둔 이들에게, 또는 이미 퇴임을 경험한 이들에게 소중한 미리보기가 될 것입니다.

그들은 퇴직 후 찾아온 무중력 상태에서 방향을 잃었고, 무엇을 하더라도 조직과 인프라의 부재로 인한 막막함이 컸습니다. 하지만 좌절과 방황의 시간 속에서도 새로운 길을 모색하기 위해 끊임없이 고민하고 도전했습니다. 누구는 낯선 영역에 뛰어들었고, 누구는 자신을 깊이 성찰하는 시간을 가졌습니다.

그리고 그 과정에서 그들은 특별한 동반자를 만나게 됩니다. 바로 AI입니다. 예전에는 팀원들과 함께 해내던 일들을 혼자 해내야 하는 상황에서, AI는 조직의 지원 없이도 홀로서기가 가능하게 든든한 조력자가 되어 주었습니다.

"아는 만큼 보인다"는 말이 있듯이, AI는 '쓰는 만큼' 더 깊이 있게 활용할 수 있습니다. 여기에 퇴직자들이 가진 경험, 경륜, 그리고 지혜가 더해지면 어떻게 될까요? 경험과 전문성을 바탕으로 한 깊이 있는 질문에 AI는 창의적인 해법을 제시했고, 신규 프로젝트를 기획하고 실행하는 데에도 큰 도움을 주었습니다.

AI와의 협업은 단순히 업무 효율을 높이는 데 그치지 않았습니다. 그들은 AI와 대화를 나누며 자신의 경험을 재해석하고, 앞으로 나아갈 방향을 모색할 수 있었습니다. 때로는 AI가 제시하는 낯선 관점에서 색다른 통찰을 얻기도 했죠. 이 과정에서 퇴직자들은 변화하는 시대에 적응하는 법을 배웠고, 인생 2막을 주도적으로 그려 나갈 힘을 얻었습니다.

이 책은 두 퇴임자의 경험을 바탕으로 후배 퇴임자들을 위한 '인생 후반전, AI와의 동행'이라는 강의로 기획하였지만, 퇴임이 누구나 겪게 될 인생의 한 장면이기에 더 많은 분들과 이 내용을 나누고자 책으로 발전시켰습니다. 이 책은 단순히 AI를 배우는 것에 머무르지 않고 퇴임자들이 공통으로 떠나는 퇴임 여행을 주제로 AI와 함께 글쓰기를 제안합니다. 이왕 떠나는 여행, 나를 찾는 여정으로 만들어 보자는 취지로 15개의 질문을 준비했습니다. 이 질문들은 각자의 삶을 더 깊이 있게 들여다보고, 앞으로의 길을 그려 보는 나침반이 될 것입니다. 강의실에서 시작된 이 여정이, 이제는 이 책을 읽는 모든 분들의 여정이 되기를 바랍니다.

당신은 지금 어디에 서 있나요?
이미 퇴직을 했나요?
퇴사나 퇴직을 앞두고 계신가요?
아니면 아직 준비 중이신가요?

어느 단계에 계시든, 마음의 준비가 필요한 분에게는 위로와 통찰을, 실천이 필요한 분에게는 구체적인 방법을, 그리고 모든 분들에게

AI라는 새로운 동반자와 함께하는 홀로서기의 자신감을 선물하고 싶습니다.

퇴직은 익숙한 것으로부터의 이별이지만, 동시에 새로운 가능성의 시작입니다. 지금 우리 앞에 놓인 길이 낯설고 두려울지라도, 속도를 늦추고 나서야 보이는 것들, AI의 도움을 받아 시도할 수 있는 새로운 도전들, 그리고 그 과정에서 발견하게 될 또 다른 나의 모습까지. 이 여정에 작은 도움이 되길 바랍니다.

이 책이 강의실을 넘어, 퇴임을 고민하는 모든 분들에게 새로운 희망이 되길 바랍니다. 여기 담긴 이야기와 AI의 활용법이 여러분에게 다시 일어설 용기와 힘을 줄 수 있기를 진심으로 기원합니다.

함께 걸어가시죠, AI라는 새로운 동반자와 함께.

‖목 차‖

5부 퇴임 여행 책 쓰기

6부 퇴직자에게 왜 AI인가? : AI전문가의 관점

7부 생성형 AI 기초 및 활용팁

1부

퇴임자의
방향성을 찾는 여정

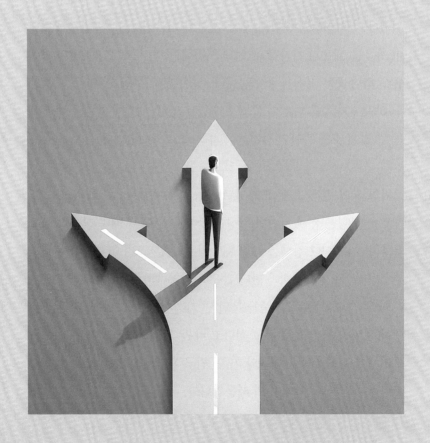

1장
이 책을 쓴 이유

    퇴임이 선택이었든 아니었든, 그 순간이 오면 누구나 충격을 받습니다. 저희들 역시 마찬가지였습니다. '이제는 여유를 가지고 살 수 있겠다'며 의연하던 순간도 잠시, 시간이 지나면서 알 수 없는 공허함이 마음을 채우기 시작했고, 현역 시절에는 미처 느끼지 못했던 감정들이 하나둘씩 고개를 들었습니다. 상실감, 허무함, 무력감, 자존감의 하락… 여행을 다니며 즐거운 순간도 있었지만, 마음 깊숙한 곳에는 늘 정체 모를 불안의 감정들이 자리 잡고 있었습니다.

    퇴임 후의 길은 크게 네 가지로 나눠 볼 수 있습니다. 재취업의 길, 새로운 경험을 통해 자신의 적성을 찾아가는 길, 후배나 작은 기업들을 위한 자문이나 강의를 통한 재능기부의 길, 그리고 완전한 은퇴의 길입니다. 하지만 저희가 만난 많은 퇴임자들의 이야기를 들어 보면, 은퇴 후 '그저 쉬겠다'던 분들도 일 년 가까이를 쉬고 나면, 결국은 무언가 의미 있는 역할을 하고 싶다고 바뀌더군요. 평생 바쁘게 살아온 우리에게 갑작스러운 여유와 가족, 친구 관계로만 축소된 삶은 생각보다 큰 공허함을 안겨 주기 때문입니다.

우리는 앞에 놓인 4가지 길 중 어떤 길을 선택하더라도 공통된 질문에 마주하게 됩니다. 재취업을 선택하더라도, 그 기간은 길어야 2~3년. 지금까지 회사에 헌신해 온 시간에 비하면 매우 짧은 시간입니다. 결국 우리 모두는 이 질문 앞에 다시 서게 됩니다.

"남은 삶을 어떻게 살아갈 것인가?"
이 책은 그 질문에 대한 답을 찾아 가는 여정입니다.

퇴임 후 누구나 마주하는 심리적 파도

먼저 그 답을 찾아 가기 전에 퇴임자들의 공통된 심리를 들여다 보고자 합니다. 어쩌면 퇴임한 지 얼마 되지 않은 분들은 아직 이런 감정이 들기 전일 수도 있습니다. 어떤 분들은 바로, 어떤 분들은 서서히, 그러나 공통으로 겪게 되는 심리가 있습니다.

정체성의 흔들림입니다.

"긴 시간을 직장에서 '리더'라는 이름으로 살아왔는데, 어느 날 문득 그저 '퇴직자'라는 낯선 이름으로 서게 됩니다. 누구를 만날 때 명함이 없습니다. 나를 뭐라고 불러야 할지, 어떻게 소개해야 할지 혼란스럽습니다. 과거에 이런 사람이었습니다란 표현밖에…

나는 앞으로 어떤 사람이 되어야 하는 것일까요? 그리고 어떤 모습으로 살아가야 할지 혼란스럽습니다."

넘치는 시간의 무게감도 큽니다.

"항상 시간에 쫓기며 살았는데, 갑자기 주어진 무한한 시간이 오히려 무거운 짐이 됩니다. 시간이 더디게 가고, 매일 아침 '오늘은 뭐하지?'라는 물음 앞에서 작아집니다. 타이트했던 일정이 오히려 스스로를 지탱해 주는 뼈대였다는 것, 바쁨 속의 여유가 꿀맛이었지, 무한한 여유는 무중력 상태의 우주를 유영하는 느낌입니다."

방향 잃은 항해사 같습니다.

"회사에 있을 때는 늘 명확한 목표와 방향이 있었죠. 하지만 이제는 나침반도, 지도도 없이 망망대해에 떠 있는 것 같아요. 어디로 가야 할지, 무엇을 향해 나아가야 할지 알 수 없는 이 막막함이 힘듭니다. 무언가를 하려고 하지만, 기대와 자존심이 가로막기도 하고, 또 현실적으로 할 수 있는 역할이 없는 것 같아 좌절감도 큽니다."

경제적 현실의 무게도 여전합니다.

"아직은 일할 수 있다, 아직은 뭔가 해야 한다'는 생각이 자꾸 들어요. 재취업해야 한다는 압박감에 여유롭게 미래를 고민할 시간조차 없이 서둘러 재취업을 서두르게 됩니다. 다들 조급함을 버리라고 하는데, 버려지지 않습니다. 그래서 현실을 떠나고자 여행을 다니는데 여행지에서도 마음이 무거운 게 현실입니다."

관계의 재정립이 쉽지 않습니다.

"퇴임하고 나서야 그동안 가족에게 소홀했던 시간들이 후회로 다가왔어요. 갑자기 많아진 가족과의 시간이 오히려 어색하고, 아내는 이제 와서 갑자기 집에만 있는 남편이 불편하다고 하고, 가정에서의 관계는 다시 배워야 하는 상황이 되었습니다."

퇴임자 앞에 놓인 4갈래 길

이런 심리적 방황 속에서 퇴임자들은 4갈래의 길 중 하나를 골라 걸어갑니다. 각자의 선택에는 저마다의 이유와 사연이 있고 어떤 길이 더 나은지 정답이 없습니다. 그 4가지 길 이야기를 해 보겠습니다.

'다시 조직으로': 재취업의 명암

먼저 가장 많은 분들이 선택하는 길, 바로 '재취업'입니다. 오랜 시간 조직에서 주도적으로 일해 왔던 우리에게 일은 단순한 생계 수단 이상의 의미를 지닙니다. 그것은 자아실현의 통로이자, 사회적 관계망을 유지하는 방법이기도 합니다. 재취업을 통해 우리는 잃어버린 존재감을 되찾고, 다시금 세상과 연결되는 기쁨을 맛볼 수 있습니다.

하지만 재취업의 길이 항상 순탄하지만은 않습니다. 대부분의 경우 이전보다 규모가 작은 조직에 들어가게 되는데, 이 과정에서 많은 이들이 '시스템의 부재'라는 벽에 부딪힙니다. 넉넉한 지원과 인력이 뒷받침되던 환경에서 벗어나, 모든 것을 혼자 또는 최소한의 인력으로 해내야 하는 상황에 놓이는 것이죠. 남다른 역량과 경험을 지닌 우리조차도 이런 현실 앞에서 좌절을 맛보곤 합니다.

더욱이 조직 문화의 차이, 오너나 새로운 상사와의 관계는 재취업한 이들을 더욱 힘들게 만드는 요소입니다. 적응도 전에 눈에 보이는 성과를 빠르게 요구하는 환경 속에서 많은 이들이 조기 퇴사를 선택하기도 합니다. 설령 어려움 속에서 조직에 안착한다 해도, 보통의 경우 2-3년 후면 다시 새로운 길을 모색해야 하는 것이 현실입니다. 재취업의 길은 분명 새로운 도전과 보람을 안겨 주지만, 동시에 예상치 못한 어려움도 함께 짊어지게 되는 여정인 셈입니다.

'작은 기여': 재능 기부와 소규모 활동

두 번째 길은 '재능 기부와 소규모 활동'입니다. 조직에서의 경험에 지친 이들 중 일부는 사회에 기여하는 방식으로 제2의 인생을 시작하고자 합니다. 오랜 시간 쌓아 온 전문성을 나누는 일, 그것은 분명 보람 있는 선택이 될 수 있습니다.

하지만 이 길 역시 쉽지만은 않습니다. 의미 있는 재능 기부를 하기 위해서는 사전에 충분한 고민과 준비가 필요합니다. 단순히 좋은 마음만으로는 지속 가능한 활동을 이어 가기 어렵습니다. 자신의 관심사와 역량이 잘 녹아들 수 있는 분야를 찾는 것, 그것이 이 길에서 가장 중요한 과제라 할 수 있습니다.

퇴직 전부터 꾸준히 봉사활동을 해 온 이들에게는 좀 더 수월할 수 있겠지만, 많은 이들에게 재능 기부의 길은 낯설고 어려운 도전이 되곤 합니다. 때로는 원하는 만큼의 보람을 얻지 못해 좌절하기도 하고, 현실적인 제약에 부딪혀 지속하기 어려워지기도 합니다. 작은 기여의 길은 분명 아름답지만, 그만큼 현실적인 고민과 준비도 필요합니다.

'새로운 도전': 꿈을 향한 첫걸음

세 번째 길은 '새로운 도전'입니다. 어릴 적 꿈꾸었던 일, 혹은 늘 관심이 있었지만 엄두 내지 못했던 분야에 도전하는 것이죠. 목공, 사진, 음악, 글쓰기 등 자신만의 취미를 전문적으로 키워 가는 이들이 여기에 해당됩니다.

이들에게 퇴직 후의 시간은 새로운 가능성을 탐색하는 소중한 기회가 됩니다. 더 이상 조직의 틀에 얽매이지 않고 자신만의 속도로 꿈을 향해 나아갈 수 있기 때문이죠. 이 길을 선택한 이들의 얼굴에는 언제나 설렘과 행복이 가득합니다.

하지만 이 길 역시 진지한 고민 없이는 오래 가기 힘듭니다. 새로운 분야에 도전하는 것은 말처럼 쉽지 않은 일. 초심자의 마음으로 다시 시작하는 것에 대한 두려움, 주변의 시선에 대한 부담감 등 넘어야 할 산이 많습니다. 무엇보다 이것이 '취미'에 머무는 순간 지속하기가 어려워집니다. 꿈을 향한 도전이 더 큰 의미를 갖기 위해서는, 그것이 삶의 새로운 축으로 자리 잡을 수 있어야 합니다. 그 과정에서 만나게 되는 경제적 현실의 벽을 어떻게 극복해 나갈지도 중요한 문제입니다.

"열심히 산 그대, 이제는 쉬어라"

마지막 길은 최선을 다해 아무것도 하지 않겠다는 결심, "열심히 산 그대, 이제는 쉬어라"로 요약할 수 있습니다. 퇴직을 삶의 또 다른 출발점으로 삼기보다는, 그동안의 노고에 대한 휴식으로 받아들이는 것이죠. 세상의 속도에서 벗어나 자신만의 리듬으로 살아가고자 하는 이들이 이 길을 선택합니다.

이 길을 걷는 이들에게 삶의 의미는 더 이상 성취나 기여에 있지 않습니다. 오롯이 자신을 위해, 여유를 즐기며 살아가는 것. 그것이 이들이 선택한 삶의 방식입니다. 해외를 다니며 새로운 문화를 경험하기도 하고, 한적한 시골에서 자연의 순리에 동화되어 살아가기도 합니다.

분명 우리 모두가 한 번쯤 꿈꾸어 본 로망입니다. 하지만 이 길이 누구에게나 어울리는 것은 아닙니다. 무료함, 상실감과 같은 정서적 문제를 얼마나 잘 극복해 나갈 수 있을지가 관건입니다. 또 1년 정도의 쉼의 시간이 지나고 나면 오랜 시간 쌓아 온 경험과 능력을 어떻게 의미 있게 활용할지를 다시 고민하게 됩니다. "아무것도 하지 않겠다"는 결심이 때로는 더 많은 고민을 안겨 줄 수 있음을 간과해서는 안 될 것 같습니다.

다시 마주치는 질문: 향후 20~30년 무엇을 하며 살 것인가?
어떤 길을 선택하든 우리는 결국 같은 질문 앞에 다시 서게 됩니다. "향후 20~30년을 무엇을 하며 살 것인가?" 인생의 후반부를 어떻게 채워 나갈 것인지, 그것은 퇴직자 모두가 진지하게 고민해야 할 화두입니다.

어떤 길을 선택하든, 그 길에는 저마다의 풍경이 펼쳐져 있을 것입니다. 분명 쉽지 않은 결정의 순간들이 우리를 기다리고 있습니다. 지금 이 순간에도 수많은 퇴직자들이 새로운 길을 모색하고 있습니다. 저마다의 고민과 결심으로 인생의 후반부를 설계해 나가고 있는 것이죠.

이제 먼저 길을 나선 두 퇴직자들의 이야기를 들어 보며, 우리 자신의 내일을 그려 보는 시간을 가져 보겠습니다. 완벽한 길은 없겠지만, 그들의 고민과 선택 속에서 우리의 더 나은 선택지를 발견하는 시간이 되었으면 합니다.

2부

퇴임과 재취업,
그리고 다시 광야에 서서

4가지 갈래 길에서 재취업을 선택한 고 상무의 이야기로 시작합니다. 대기업 퇴직 후 느꼈던 심리적 변화와 조급함 속에서 찾아온 공직이라는 재취업의 새로운 도전, 그리고 2년 반 뒤 또 한번의 퇴직이 아닌 사직을 결심하고 새로운 출발점에 선 이야기입니다.

2장
퇴직 후 심리의 여정

<u>의연한 척, 담담한 척:</u>
<u>당당하게 마주한 퇴임과 마음속 현실</u>

저는 사실 퇴임 공식 발표 하루 전 사업부장을 찾아가서 퇴임 여부를 확인하였습니다. 몇 가지 이유에서였습니다. 후배로부터 자신이 제 후임으로 결정되었다는 소식을 전날 들었고, 퇴임소식을 전해야 하는 사업부장의 어려운 마음도 헤아리고 싶었습니다. 또 무엇보다 누군가로부터 퇴임 소식을 들으니 제가 먼저 확인하는 게 속도 편하고 당당할 수 있겠다 싶었습니다.

사업부장에게 퇴임 여부를 질문하니 당황스러운 표정이 역력했지만 퇴임을 알려 주었고 미안해하는 사업부장에게 감사를 표하며 담담하게 얘기를 하고 나왔습니다. 하지만 마음 속 한 구석에 남아 있던 퇴임이 아닐 수도 있다는 일말의 기대감이 무너진 순간이기도 하였습니다.

사업부장과 면담한 그 다음날 공식 퇴임 발표가 있었고 소식을 들은 후배들이 팀별로 개인별로 제 방으로 찾아봐 작별 인사를 나누면서 애써 태연한 척, 담담한 척, 당당한 척 하였지만 이제 진짜 떠나는구나 하는 실감을 조금씩 하게 되었습니다.

　제가 퇴임하던 시기는 코로나로 송별회 등의 회식이 가능하지 않은 때임을 감안하여 해외에 있는 조직을 포함한 제 산하 조직 구성원들에게 공식적인 퇴임인사를 하기 위해 대회실에 컨퍼런스 콜 등을 포함하여 퇴임 인사를 하는 시간을 가졌습니다.

　담담하게 지나온 시간에 대한 반추와 그 시간 속에서 후배들과 동료들과 함께 만들었던 성과와 아쉬움, 미안함, 그리고 마지막으로 감사의 마음을 표하며 웃으며 인사를 나누었습니다.

　저녁에는 소규모로 사업부장과 퇴임하는 임원들 포함 몇몇 임원들이 모여 퇴임 저녁을 하였고 그 자리도 유쾌한 얘기들이 오가며 즐거운 퇴임 석식 시간을 가졌습니다. 그러나 유쾌하고 즐거운 석식을 마치고 집으로 돌아오는 차 안에서 시원, 섭섭, 막막, 감사 등 여러가지 생각과 감정들이 뒤섞여 정리되지 않은 마음으로 집으로 돌아왔습니다.

가족들과 서로를 격려하며
집에 돌아오니 아이들과 아내가 저의 퇴임을 축하하는 조촐한 파티를 열어 주었습니다. 감사한 마음이 들었습니다. "내가 잘못 살지는 않았구나. 그리고 우리 가족들도 그걸 인정해 주는구나" 하는 생각이 들었습니다.

아직 정해진 것이 없고 막막한 마음도 있었지만 이제 취업을 준비하는 졸업반 큰 아들과 이제 막 대학을 입학하여 1년이 지나고 군입대를 준비하는 막내 아들, 퇴사 후 쉼을 가지고 있던 딸아이의 불안한 마음을 생각하며 다시 준비해서 재취업을 할 테니 너무 걱정하지 말라고 가족들을 다독거리는 시간도 가졌습니다.

퇴임 후 Day 1: 익숙하지 않은 월요일 아침

퇴임 후 처음 맞이한 월요일 아침. 습관적으로 일찍 잠에서 깨었습니다. 30년 가까이 직장에서의 삶에 익숙해진 탓에, 출근하지 않는 월요일 아침이 어색하기만 합니다.

"회사에서는 나를 필요로 하던 사람들이 있었어. 무언가 이루어 내고 인정받는 기쁨도 있었고. 이제 그런 것들이 사라진 것 같아"

긴 세월 쌓아 온 경험과 노하우로 인정받고, 후배들에게 든든한 조언자였고 멘토라고 자부하였지만 어느덧 퇴임과 함께 이 모든 것들을 내려놓아야 할 때가 온 것 같습니다.

퇴직 후의 삶, 과연 어떤 모습일까요? 불안함, 허전함, 상실감. 이런 감정들 사이로 문득 지나온 시간들에 대한 그리움도 밀려옵니다. 힘들었지만, 그래도 뜻 깊고 값진 시간들이었다고.

저의 퇴임 후 첫날의 감정들처럼, 우리 대부분은 복잡한 마음으로 인생의 전환점을 맞이하곤 합니다. 하지만 이 모든 것이 새로운 시작을 위한 준비 과정이라는 것을 잊지 말아야 할 것 같습니다. 지난날의 시간과 사람을 추억하며, 앞으로 다가올 자유로운 날들을 기대하는 것. 아마도 지금은 그런 복합적인 감정을 느낄 때일 것입니다.

무한 자유와 소속이 없는 공간과 시간: 무중력 상태

갑자기 찾아온 무한 자유가 주는 혼란

"이제 뭘 하지?" 퇴임 파티가 끝나고 집으로 돌아오니 가족 이외의 사람들에게 내가 누구이고 무엇을 하는 사람인지를 설명할 명함 한 장 없는 사람이 되었습니다. '무소속'이라는 단어가 이렇게 큰 울림으로 다가올 줄은 몰랐습니다.

초등학교에 입학한 유년시절부터 퇴임하기 전까지 한 번도 어디에 소속되지 않은 적이 없었는데 이제는 누구도 통제하지 않지만 나를 감싸던 보호막이 없는 무중력의 공간과 시간 속으로 들어온 느낌이 들었습니다.

매일 새벽에 달려가던 직장. 해야 할 일들로 빼곡했던 스케줄. 함께 목표를 향해 애썼던 동료들과 후배들. 명확한 소속감과 존재 이유를 주었던 것들이 이제는 없습니다.

어딘가에 속해 있다는 것. 그것은 단순한 조직의 테두리를 넘어, 우리에게 삶의 의미와 방향성을 부여하곤 합니다. 하지만 퇴임과 함께 이러한 터전을 잃고 마치 중력이 사라진 우주 공간에 홀로 떠 있는 듯한 느낌을 받습니다.

"회사에 있을 때는 내가 어떤 사람인지, 어디로 가고 있는지 뚜렷했어. 그런데 조직에서 나온 후 내가 어떤 사람인지가 희미해지고 있어."

직장이라는 시스템 속에서 자신의 역할과 책임이 명확했던 시절. 매일의 일과가 분명한 목표를 향해 움직이고 있다는 사실은 압박감과 함께 내가 무언가 중요한 일을 하는 사람이라는 마음을 주었습니다. 하지만 이제 그 모든 것들로부터 멀어진 지금, 내면에는 깊은 상실감이 자리 잡고 있습니다.

과거에는 마감 기한에 쫓기고 야근에 시달리던 것이 힘들게만 느껴졌습니다. 하지만 지금 돌이켜 보면 그런 순간에도 자신이 어떤 목적을 위해 일하고 있는지 분명히 알 수 있었습니다. 누군가에게 필요한 사람이었고, 무언가를 이뤄 낸다는 성취감이 있었습니다.

퇴직 후의 무중력 상태. 그것은 단순히 시간적 여유가 생겼다거나, 직장 스트레스에서 벗어났다는 차원을 넘어섭니다. 자칫 인생의 재미와 목적마저 잃어버릴 수 있는 위험이 도사리고 있습니다. 어쩌면 이제 우리에게 필요한 건 새로운 도전일지도 모릅니다.

자기 정체성의 혼란과 새로운 역할 찾기

서른이라는 늦은 나이에 입사하여 유럽기업과의 J/V와 대기업에서 마케팅 전문가로 성장해 왔고 B2B2C 마케팅의 전문가라는 브랜딩과 기업의 이름이 주던 존재감과 시스템이 주던 견고한 성이 없어진 지금 "나는 무엇을 해야 할지" "앞으로 내가 혼자서 할 수 있는 일이 무엇일지" 설렘보다는 막막함이 컸습니다.

명함에서 직함을 떼어 내고 나니, 저는 문득 자신이 누구인지 알 수 없는 혼란에 빠졌습니다. 그동안 일과 직위로 규정해 왔던 삶에서 벗어나, 새로운 정체성을 확립해야 하는 과제가 주어진 것입니다.

퇴임 후 등산을 혼자 다니는 선배 어르신의 모습이 싫어서 청바지에 운동화 그리고 겨울에는 스카프로 나름 엣지 있는 모습을 연출하였지만 다른 사람의 시선을 의식하게 되는 현실을 마주합니다.

일하는 사람에서 은퇴한 사람으로 변화한 자신의 모습을 받아들이는 것, 그것은 결코 쉬운 일이 아닙니다. 퇴직 전에는 자신 있게 내밀던 명함이 없어지니 나를 설명해야 하는 것이 쉽지 않습니다.

"남들이 퇴직하고 뭐하냐고 물어보면, 구차하게 설명하는 것도 싫어지고…" 누군가 처음 만나는 사람에게 나를 소개할 땐 "LG에서 임원으로 일했고 지금은 비상근 자문으로 있습니다"라고 설명하는 것도 구차하게 느껴집니다.

그러나 이제는 스스로를 다시 마주할 시간입니다. 새로운 역할을 찾아가는 여정이 결코 순탄치만은 않겠지만, 그동안 주위 동료들과 함께 만들어 온 관계를 소중히 여기며 또 새로운 사람을 만나고 새로운 길을 모색할 수 있는 걸음을 내디뎌야 하는 시간입니다.

퇴임 후 경제적 불안과 마주하기

경제적 불안으로 조급하게 서두른 재취업

은퇴 후 가장 먼저 찾아온 현실적 고민은 경제적 문제였습니다.

현직 급여를 기준으로 큰 부담이 아니었던 각종비용(의료보험, 실비보험, 각종보험) 감당 여부와 회사에서 지원해 주던 등록금이 없어지면서 학교에 다니는 자녀 교육비 문제, 결혼을 앞둔 자녀들의 지원을 고려한 비용에 대한 현실적 고민이 시작되었습니다.

"재취업을 하지 않는다면 퇴직금과 연금으로 과연 남은 인생을 커버할 수 있을까?" 하는 불안감을 해소하기 위해서라도 빨리 재취업을 해야 한다는 조급함이 컸습니다. 그러나 이미 중소기업에 취업한 선배와 동료들의 경험담을 들으며 지원 시스템과 인력이 부족한 중소기업에 취업하는 것에 부담감과 불안함, 새로운 분야로의 도전 등 이 모든 것들이 조기 재취업이란 조급함과 함께 압박으로 느껴지기도 했습니다.

재취업의 조급함 속에서 떠난 남해와 제주도에서의 혼자 살기

불안감과 압박감을 떨쳐 내고 쉼을 위해 떠난 혼자 살기 여행에서도 불안감을 떨쳐 버리지 못하고 서울에 남아 있으면 잉여인간이 된 듯싶어서 퇴직 후 남해와 제주도에서 혼자 한 달 살기를 하며 나름 힐링 여행을 하기도 했습니다. 하지만 한 달 살기를 혼자 하면서도 재직 시에 혼자 여행왔을 때의 재충전의 느낌보다는 막연함과 서둘러 취직을 해야겠다는 조급함의 마음이 같이 들었습니다.

제주도 혼자 살기를 하면서도 틈틈이 이력서를 작성하여 서치펌과 연락해 취업을 알아보는 등 조급함 가운데서 시간을 보내었습니다. 주위 친구들이나 동료들에게는 여전히 혼자 살면서 경험한 제주 오름과 내가 만든 전복버터구이 요리 등의 사진들을 카톡에 공유하며 잘 살고 있다고 얘기하고 있었지만 내 속에는 공허하고 초조하고 조급한 마음이 자리 잡고 있었습니다.

변화된 가족, 내 역할과 관계 재정립

"여보, 당신 30년 가까이 수고 많았으니 너무 서두르지 말고 당분간 쉬어요"라고 말하는 아내의 말과 내 눈치를 살피며 조심스러워하는 모습이 모두 부담이 되었습니다. 그러나 한두 달이 지나며 아내의 태도에도 변화가 나타났습니다. 제가 현직에 있을 때에는 얼굴만 봐도 쓰여 있는 제 스트레스를 보며 소소한 얘기, 잔소리라고 생각했던 얘기는 일절 하지 않았으나 점점 사소한 잔소리가 많아졌고, 아내는 아내대로 자신의 커뮤니티와 시간 스케줄이 있어서 제 스케줄에 맞추어 자신의 리듬이 깨지는 것도 달가워하지 않는 눈치였습니다.

시간이 많아지며 그동안 대화를 많이 나누지 못했던 취업 준비를 하던 큰아들과 재취업을 준비하던 딸에게도 이런 저런 조언을 하고 싶었지만 길게 대화를 나누기에는 한계가 느껴졌고 자칫 취업 준비로 스트레스 받고 있는 아이들에게 또 다른 스트레스가 될 것 같다는 부담감도 느껴졌습니다.

그러나 이런 부담감에도 불구하고 이제는 가족과 함께하는 또 다른 추억을 만들어 가는 일에 집중해 보는 시간이 필요하지 않을까요? 자식들과 맛집도 다니고, 아내와 산책도 하고. 소소한 행복을 나누는 것부터 시작해 봅시다. 지금이야말로 가족과 더욱 끈끈한 유대감을 쌓아 갈 수 있는 기회입니다. 직접 요리를 하고, 집안일을 나누어 하

는 것도 좋겠죠. 무엇보다 그들의 마음을 헤아리고 소통하는 시간이
필요합니다.

3장
재취업이라는 도전과 나 들여다보기

재취업의 조급함 속에서 찾아온 새로운 도전: 공직

인생 계획에 없던 공직이라는 새로운 도전

혼자 살기 여행을 마친 후에도 집에 있는 시간은 견디기 어려워서 자문 사무실에 나가 공부도 하고 취업 준비도 하면서 남들이 보기에는 성실하게 루틴을 가지고 살려고 애썼습니다. 그러다가 뭔가 정체되고 잉여인간처럼 느껴질 때면 코로나가 아직 한참인 시기에도 불구하고 태국이며 호주며 나홀로 여행을 떠나 몇 주씩 여행을 하기도 하였습니다.

그런 와중에 누군가 퇴임한 동료들 중 취업한 소식을 들으면 왠지 나만 뒤처진 느낌이 들어 여행에 다녀와서는 또 취업을 위해 여러 곳에 이력서를 넣는 등의 과정을 반복하기도 했습니다. 그런 조급함과 혼란스런 마음이 들어 중심을 못 잡고 있을 때 임원 출신의 지인으로부터 너무 조급하게 생각하지 말고 1년간은 마음을 비우고 자기 충전을 하라는 조언을 듣고 비로서 퇴임 후 7개월 만에 편안한 마음으로 여행을 시작하게 되었습니다.

이렇게 마음을 내려놓고 편하게 퇴임 후 처음으로 떠난 여행이 터키 여행이었습니다. 터키 여행을 하고 있는 와중에 여행 전 지원한 전문직 공무원에 합격했다는 통지를 받게 되었고 서둘러 출근해 달라는 연락을 받고 일정을 앞당기어 귀국하였습니다.

사실 제 인생 계획에 공무원이라는 계획은 없었습니다. 퇴임 후 중소기업에 재취업을 한 선배, 동료 임원들의 고충과 어려움을 들어왔고 재취업 후 1~2년 후 다시 퇴직하고 재취업을 준비하는 과정을 보면서 "과연 내가 중소기업으로 재취업하여 잘 적응할 수 있을까?" 또 "전 직장에서와 같이 나를 불태우며 일할 수 있을까?" 하는 생각을 하면서 새로운 길로서 공직을 생각해 보았고 휴가 떠나기 전에 공직 공고를 보고 지원서를 제출하였던 것입니다.

공직에서 느꼈던 벽과 보람, 그리고 생각

그렇게 시작한 전문직 공무원 생활은 예상대로 쉽지 않았습니다. 같이 입사한 전문직 공무원들은 모두 저를 제외하고 대부분 공공부문에서 공직의 경험을 쌓아 온 사람들과 정부의 전문직 공무원의 경험이 있는 사람들이었습니다. 또한 민간기업들과 다른 생각지 못했던 여러가지 제약들이 민간기업에서와 같은 속도감으로 일을 할 수 없게 만들었습니다.

주요 정책 홍보와 언론, 컨퍼런스 등 이벤트업무를 총괄하는 자리여서 외부 홍보대행사들과 많은 업무를 추진해야 하는 상황이었지만 확보된 예산은 민간기업과 비교하면 턱없이 적어서 선택할 수 있는 홍보대행사의 옵션은 제한적이었습니다.

담당해야 하는 업무의 규모나 중요성 대비 역량을 갖춘 홍보대행사를 선정할 수 없는 상황이었습니다. 내부 부서의 홍보관련 예산을 취합하여 종합 대행사를 선정하여 운영하는 것이 효과적이고 효율적이라는 저의 주장은 벽이 높은 공무원 조직의 관리자들에게는 생소한 이야기였습니다.

제 산하 내부 부서의 홍보 예산을 하나로 모으고, 종합대행사의 개념이 생소한 조직내부에 종합대행사의 업무를 이해시키고, 종합대행사를 조달청이라는 프로세스를 거쳐 선정하고 운영하면서 그동안 단기 수의 계약으로 비효율적으로 운영되던 행정 체계를 효과적으로 바로잡을 수 있었습니다. 또 수의 계약으로 단기 운영하던 대행사에 비해 다양한 분야의 일을 전문적으로 수행하는 종합 대행사 운영을 통해 업무의 전문성과 퀄리티를 올리는 성과를 달성하기도 하였습니다.

많은 어려움도 있었지만 기업 재직 시 글로벌 프로모션을 진행하며 종합 홍보대행사를 운용하고 실제 글로벌 홍보를 진행하던 경험을 녹여서 성공적으로 업무를 수행할 수 있었습니다. 기업에서 일했던 경험이나 전문성은 공직에서도 전문성을 가지고 일하는 데 실질적으로 많은 도움이 되었습니다.

　다양한 정부부처와 공공기관들과 일하면서 다양한 이해관계를 가진 국민들을 이해시키고 설득할 수 있는 정책을 입안하고 실행하는 과정이 민간기업 대비 많은 시간이 소요되는 만만치 않은 일임을 실감하였고 민간기업 대비 낮은 처우에도 불구하고 성실하게 전문성과 사명감을 가지고 일하는 많은 동료 공무원들을 보면서 공무원들에 대한 선입견을 깨는 계기도 되었습니다.

재취업을 하며 발견한 내면의 모습

기업을 퇴임하고 공직에서 일을 하며 나란 사람은 어떤 사람이었
는지, 무엇을 좋아하고 갈망하는 사람인지를 다시 한번 생각해 보게
되었습니다.

기업 퇴임 후 느꼈던 좌절감과 혼란 그리고 자존감은 공직생활을
하며 다시 회복할 수 있었습니다. 그런데 나를 회복시킨 것이 무엇인
지에 대하여 다시 한번 생각해 보는 과정에서 내 자신이 아닌 조직이
주는 힘과 그 속에서의 사람과의 관계, 만남이 나를 회복시켜 주었다
는 생각을 하며 만족감도 있었지만 한편으론 쓸쓸함도 있었습니다.

무엇이 공직에서 자존감을 회복한 제게 쓸쓸함을 주었을까요?
그것은 바로 사람과 조직과 예산을 움직이며 일해 왔던 경험에서
오는 만족감과 자존감이라는 생각을 하였습니다. 공직에 와서 기업
에서와 같이 홍보 대행사를 운영해 보고 예산을 움직이며 큰 과업을
추진해 보고 그 안에서 전문가들과 교류하며 내가 사회적으로 영향
력 있는 자리에 와 있다는 안도감과 자부심이 나를 회복해 준 요인이
되었다는 것입니다.

기업을 퇴직하고 8개월간의 공백에서 오는 좌절과 혼란도 바로 조
직과 예산을 움직여 성과를 창출하고 기업의 브랜드로 나를 감쌌던

조직의 힘이 없어지면서 온 혼란이었음을 새롭게 깨닫게 되었습니다.

그러나 조직에서 오는 힘과 영향력은 조직을 떠나면 없어질 수밖에 없다는 사실을 다시 한번 직시하였고, 조직생활은 시간이 문제이지 머지않은 시간 안에 다시 조직을 떠날 수밖에 없다는 현실을 인식하게 되었습니다. 저는 이제 더 늦기 전에, 60살이라는 물리적인 나이에 도달하기 전에 조직의 힘이 아닌 나로 홀로 서 보는 새로운 출발을 해야겠다는 생각을 하게 되었습니다.

4장
두 번째 퇴직, 그리고 다시 출발점에 서서

근본적 질문으로 돌아가기

막막함과 설렘 사이에서

누구도 떠밀지 않았고 계약기간이 남아 있던 안정적인 공직이라는 2번째 직장을 정리하고 나온 후 몇 개월의 시간이 흘렀습니다. 다시 2년 반 전 기업 퇴임 시와 같은 자유인으로 돌아왔습니다.

퇴직이 아닌 공무원 사직을 결정하면서 주변의 조언을 들었을 때, 어떤 분들은 "당장 퇴직금으로 얼마나 버티겠느냐?", "내년에 아들이 결혼한다며 지금 공직을 정리하는 것이 맞나?" 등 사직을 만류하는 분들도 있었고, "더 늦기 전에 평생 남은 시간 할 수 있는 일을 찾기 위해 그만두는 것은 잘 결정한 것이다"라는 조언을 해 주시는 분들도 계셨습니다.

솔직히 안정적인 직장을 아무런 향후 대책 없이 나오는 결정을 하는 것은 쉽지 않았습니다. 결정을 하는 시점에도 "막막함"과 "설렘"이라는 두 가지 감정이 같이 마음속에 들었고 사직하고 나온 지금도 "막막함"과 "두려움"이라는 두 가지 감정은 그대로입니다.

그러나 근본적인 질문 "앞으로 남은 인생을 무엇을 하고 살 것인가?"라는 질문에 답을 찾는 과정에서 공직에서 오는 안온함과 안정감은 향후 2~3년의 유효기간이 있을 뿐이라는 생각을 하였고 더 늦기 전에 근본적인 질문에 대한 답을 찾고 싶었습니다.

재취업 전에 답해 보아야 할 질문

2년 반 전 기업 퇴임 시에는 사실 향후 30년을 무엇을 하고 살 것인지에 대한 질문을 던지고 깊이 고민할 여유가 없었습니다. 혼란과 불안에서 빨리 벗어나야 한다는 조급함이 앞섰습니다. 퇴직 후 회사의 일부 지원이 있어서 어찌 보면 지금보다 더 여유 있는 조건에서 깊이 생각해 보지 못하고 불안하고 조급한 마음에 취직을 하고 보자는 생각이 컸던 것 같습니다.

오해하지 말아야 할 부분은 저는 지금 재취업을 하지 말아야 한다고 얘기하고 있는 것은 아니라는 것입니다. 우리의 현실적인 나이와 상황을 생각하면 재취업이 현실적으로 쉽지도 않지만 재취업 후 빠르면 2~3년 내 다시 마주할 질문을 지금 던져 보자는 것입니다.

"향후 30년을 나는 어떻게 살아가야 하는가?"

그 질문 앞에서 자신을 점검하여 보고 차분히 대답해 보는 시간이 필요하다는 것을 말씀드리고 싶었습니다.

인연으로 시작한 새로운 도전

혼자 시작하는 것의 막막함

2번째의 퇴직을 하면서 당분간 재취업보다는 내가 향후 30년간 걸어가야 할 길을 찾아보자는 생각을 하였지만 사실 혼자 무엇을 계획하고 실행해 본다는 것이 쉬운 일은 아니었습니다.

우선 새로운 길 찾기의 첫 번째 과제로 책을 써 보자는 생각을 하였습니다. 2019년부터 공개하지 않고 혼자 주제를 정하며 써온 글이 수백 편이 있었고 24년 하반기부터 블로그를 개설해 몇 가지 주제를 정해 글을 써서 외부와 소통해 오고 있었습니다. 또 24년 가을부터는 카카오에서 운영하는 브런치라는 글쓰기 플랫폼에 작가로 등록하여 글쓰기를 해 오고 있었습니다.

내 생각을 정리하여 축적된 내 컨텐츠가 있으니 새로운 길을 가려면 우선 나를 정리하고 가는 것이 필요하고 글쓰기와 책 출간을 통해 새로운 길을 발견할 수 있겠다는 생각도 하였습니다. 기존에 축적한 컨텐츠를 잘 정리하고 편집한다면 책을 쉽게 쓸 수 있을 거라는 생각을 하였지만 책의 대주제와 소주제를 정하고 분류하는 등의 책의 구성과 편집을 하는 일은 만만치 않은 작업이었습니다.

인연으로 만난 AI로 새로운 가능성에 눈을 뜨고

지난 몇 년 동안 교류하던 AI 전문가 정 교수는 제 사직 소식을 듣고 AI를 소개하며 자기와 새로운 일을 도모해 보자는 얘기를 하였지만 귀 기울여 듣지 않았고 의례적인 인사만 하였습니다. 그러다가 정 교수가 소개한 AI를 활용해 책의 구조를 체계적으로 정리하면서 AI의 놀라운 잠재력을 실감하게 되었습니다. 이후 전 직장 동료와 함께 AI를 활용해 사업제안서를 작성하고 실제 제안 활동을 수행하는 과정에서, AI가 열어 줄 수 있는 새로운 기회의 지평을 발견하게 되었습니다.

혼자 가는 길에 같이 갈 벗이 생겼고 그 벗들과 함께 새로운 세상을 꿈꾸고 있는 지금, 이제 막막함보다는 설렘이 조금 더 커지고 있습니다. 나 혼자는 만들어 갈 수 없었던 길을 벗들과 함께 AI로 만들어 가고 있습니다.

30년의 시간 동안 두 번의 취업과 두 번의 퇴임이라는 시간의 끝에서 발견한 이 빛을 따라 새로운 여정을 시작합니다. 이제 퇴임을 하고 혼란 속에서 새로운 길을 준비하고 계신 여러분들께 저의 경험이 의미 있는 '미리 보기'가 되기를 바라는 마음입니다.

3부

재취업 대신 다양한
경험으로 길 찾기 도전

5장
과거를 내려놓고 새로운 나를 발견하는 시간

변화에 잘 적응하리라는 착각

이제부터는 재취업을 한 고 상무와 달리 인생의 새로운 방향성을 찾기 위해 다양한 길의 체험에 나선 김 전무의 이야기입니다.

저, 김 전무의 삶을 아는 사람들은 '투쟁의 과정'이라고 말하곤 합니다. 한 우물을 파는 게 정답이던 시대에 10년 주기로 전혀 다른 업으로 세 번이나 바꾸며 살아왔기 때문입니다.

저의 첫 직장은 외국계 은행이었습니다. 첫사랑의 아픔을 피해 4학년 2학기 첫날 도망치듯 입사를 했고, 그곳에서 도전적으로 일했지만 8년 차 어느 날 "여자는 남자의 갈비뼈로 만들어졌으니 욕심내지 말라"는 상사의 발언에 충격을 받고 이직을 결심합니다. 성과만으로 평가받는 증권사 애널리스트의 길을 선택했습니다.

이후 10년 뒤 천직이라 여겼던 애널리스트 직업을 그만두게 되는 사건이 발생합니다. 엄청난 자금이 소요되는 남편의 꿈을 돕기 위해 퇴직금 마저 털어야 하는 상황에 몰리게 되었고, 그런 이유 때문에 사표를 낸다는 말을 하고 싶지 않았던 저를 오해한 회사는 동종 업계 취업 금지 조항을 걸어 버립니다. 2년간 애널리스트를 하지 않는 대신 저는 예상에도 없던 LG디스플레이라는 제조업체로 이직을 하게 됩니다.

20대에는 전공과 거리가 먼 은행에서, 30대 초반에는 IT 산업의 애널리스트로, 40대 초반에는 금융 경험과 무관한 제조업으로 이동과 적응. 이 모든 과정이 저의 전략적 판단이라기보다는 막다른 골목에 몰린 불가피한 선택이었습니다. 그럼에도 늘 새로운 환경에서 잘 헤쳐 나왔기에, 저는 변화에 강하다는 자부심이 있었습니다. 그런 저였기에 퇴임도 현명하게 잘 헤쳐 나갈 줄 알았습니다. 그러나 현실은 그렇지 않았습니다.

32년간 쉼 없이 달려왔던 저에게, 퇴임으로 인한 갑작스러운 일상의 변화는 큰 혼란이었습니다. "이제 여유롭게 살 수 있겠다", "하고 싶은 일을 마음껏 해 볼 수 있겠다"고 의연하게 말했지만, 할 일과 역할이 없는 가운데 넘치는 여유는 오히려 압박으로 다가왔고, 하고 싶은 일들의 실체가 무엇이었는지조차 떠오르지 않았습니다. 직장을 가진 이후 처음으로 기한없이 길게 '쉬어 본다'는 것 자체가 두렵기만 했고 평생 목표 지향적으로 살아온 제게, 정해진 길이나 목표 없이 시간을 보내는 것은 부적응자가 되는 것 같은 낯설고도 어지러운 경험이었습니다.

뚜렷한 목표 없이 며칠을 보내자 견디기가 힘들었습니다. 회사로 복귀할 때의 일주일 휴가는 순식간에 지나갔지만, 할 일 없이 보내야 하는 일주일은 너무나 무료하고 길게 느껴졌습니다. 무의미하게 시간을 소모하고 있다는 느낌이 커지면서, 저는 몰두할 무언가를 찾고 목표도 만들어야겠다는 강박관념에 사로잡혔습니다.

무한한 여유가 가져다 주는 무중력의 혼란

먼저 여행을 시작했습니다. 가장 시간을 보내기 쉬운 선택이었습니다. 또한 열심히 달려온 제게 선물을 준다는 의미도 있었습니다. 언니와의 2주간의 일본 여행, 친구와의 2주간 남미 여행, 딸과 함께 한 프라하, 남편과의 남해 섬 여행 등. 빡빡한 여행 스케줄이었지만 스스로가 이상할 정도로 여행은 무색무취한 느낌으로 다가왔습니다. 저는 궁금증과 호기심이 많아 여행에서 만나는 모든 새로운 경험을 좋아했는데, 이상하게도 퇴임 후 여행은 보아도 본 것 같지 않고, 새로움에 대한 감동이나 울림이 시큰둥했으며, 만남에서도 활력을 잃고 모든 주제가 무미건조하게 느껴졌습니다.

무언가 집중할 중심이나 뿌리 없이, 무한한 자유 속에서 여행이 일상이 되는 것은 오히려 집중력을 잃게 하고, 표류하는 느낌을 주는 것을 깨달았습니다. 나의 중심이 있고 일과 성취감 속에 즐기는 휴식은 행복이었지만, 성취도, 목표도 없는 상태에서 일상이 되어 버린 여유와 여행은 전혀 다른 의미였습니다.

좌충우돌, 안해 본 일 해 보기와 그 속에서의 교훈

그래서 저는 집중할 목표를 설정합니다. 일단 원칙은 퇴임 후 1년 간은 과거에 해 보지 않은 다양한 활동을 경험하는 것, 기존의 인연에 기대지 않고, 다양한 사람을 만나며 새로운 인연을 만드는 것, 그 과정을 통해 제가 잘하면서 좋아하는 것이 무엇인지 찾는 것이었습니다. 앞으로 30년 이상 펼쳐질 삶에서 무엇을 하며 어떻게 살지에 대한 해답을 찾기 위해, 대부분의 새로운 경험을 거절하지 않고 해 보기 시작합니다.

먼저 운이 좋게 전혀 모르는 유통업체의 사외 이사를 시작합니다. 우연히 연결된 회사의 M&A 자문에도 참여하면서 조금씩 감각을 잃지 않는 훈련도 했지만 무모한 일도 저질렀습니다. 한번도 경험이 없는 건강관련 유튜브 채널을 만들었습니다.

이 일들을 하면서 살아 있다는 느낌, 기여하는 느낌이 들면서 드디어 숨이 쉬어지기 시작했습니다. "아, 나는 무언가 존재감이 있는 역할을 하고, 성취감을 느끼며 재능을 나누어 줄 때 만족감을 찾는구나" 저에 대해 알아 가는 시간이었지만, 이 과정에서 제가 가졌던 실력과 역량의 거품을 제거하면서 스스로를 객관적으로 바라보는 계기도 되었습니다.

먼저 유튜브 채널을 오픈하며 배운 레슨입니다. 건강과 관련된 채널을 오픈하면서 회사 설립, 로고 작성, PD, 작가 고용 및 전문가 섭외, 콘텐츠 제작까지 스탭 하나 없는 상황에서 모든 것을 제 손으로 하나하나 뛰어 다니며 처리해야 했습니다. 무에서 유를 만들어 내는 첫 경험이었습니다. 어찌나 동시에 해야 할 것들이 많던지, 처음 예정했던 일정이 미뤄지는 것은 부지기수였습니다.

기존의 경험과 직책, 회사 브랜드가 전혀 통하지 않는 새로운 영역에서, 조직의 지원 없이 홀로 서야 하는 것이 얼마나 어려운지 뼈저리게 깨달았습니다. 예전에는 방향만 제시하면 조직원들이 각자의 역할을 알아서 수행해 주었는데, 혼자 일을 해 보고 나서야 그동안 저를 지원해 주던 인프라와 시스템, 그리고 동료들에 대한 깊은 감사함을 느끼게 되었습니다.

조직과 인프라 없이 홀로서기가 가능할까?

그런 시도의 과정에 두 가지 마음이 생겼습니다. 홀로서기가 만만치 않음을 깨달았으니, 다시 인프라가 있는 곳으로 재취업을 해야하는 게 아닌가? 하는 마음이 드는 반면 그 인프라 없이 나만의 힘으로 홀로서기를 계속 시도하는 게 맞지 않나? 하는 또 다른 마음이었습니다. 기대 수준을 낮추고 재취업을 하는 것이 어쩌면 편한 답이 될 수도 있지만, 결국 수년 뒤에는 퇴임자의 자리에 다시 서야 할 텐데, 차라리 지금 이 시간이 제 인생에서 홀로서기 준비에 가장 빠르고 적기라는 결론에 이르렀습니다. 설혹 재취업을 하더라도 이런 과정을 거친 다음이라면 오히려 단단하고 더 좋은 방식으로 일할 수 있을 것 같기도 했습니다.

이런 고민의 과정 중에도 꾸준하게 해 온 두 가지가 책 쓰기와 독서 클럽 활동이었습니다. 직장 맘으로 사느라 아이들에게 소홀했던 반성의 의미를 담아, 초년생으로 사회 생활을 시작하는 두 아이가 참고할 조언서를 만들어 주고 싶어서 책을 집필하기 시작했습니다.

엄청난 집중력으로 5월에 원고를 마감하고 7월에 유명 출판사와 계약을 했으나, 어이없게도 10월 말에 계약해지 통보를 받았습니다. 아무래도 퇴임 임원이기 때문에 책의 판매 부수가 그렇게 많지 않을 것 같아서 고민 끝에 내린 결정이라고 합니다. 일 년간 가장 우선 순위를 두고 해 온 일이었는데 허탈하고 화도 나더군요. 처음부터 안 한다고 말했으면 다른 출판사를 알아봤을 텐데… 시간만 버린 것 같아 속이 많이 상했습니다.

반면 이 또한 퇴임자의 경험이라 생각하니 깨달음도 생겼습니다. 만약 현직 때 이 책을 냈더라면 저는 온전히 제가 잘나서였다고 자만했을 것입니다. 그동안의 저의 결과물은 저 자신이 만들어 냈다기보다, 제 직위, 회사의 후광이 컸음을 또 한번 느끼게 되었습니다.

퇴임 후에는 오로지 나만의 것으로 승부를 봐야 한다는 것, 그러기 위해서는 먼저 제 마음에 있던 과거의 저를 지워 내고 겸손하게 낮은 시선으로 모든 것을 바라봐야 한다는 생각에 이르게 되더군요. 기대감, 속도, 효과 이 모든 것의 눈높이를 과거의 제가 아니라 홀로선 저로 맞추어야 한다고 생각하기 시작했습니다. 목표 수준을 조정하니 오히려 마음은 편안해졌습니다.

그리고 오롯이 혼자의 힘으로 무언가를 이뤄낸 분들을 많이 만나려고 노력했습니다. "함께 성장하는 책모임"이라는 북클럽의 운영진으로 자원하여 적극적으로 활동했습니다. 제 스스로가 열정 넘치는 사람이었다고 자부했었는데 북클럽에서 만난 사람들의 열정을 보며, 그것이 착각이라는 것을 알았습니다.

자영업자나 중소기업 오너들, 성장을 갈구하는 젊은이들이 많이 모인 특성상, 그들은 단순히 책을 읽는 데 그치지 않고 배운 것을 삶과 사업에 치열하게 적용하며 변화를 만들어 내고 있었습니다.

　시스템이 갖추어진 곳에서 살아온 저에 비해, 시스템이 없는 곳에서 답을 찾기 위해 책 한 권도 허투루 하지 않으며 바로 실천으로 옮기는 분들을 보니 제가 실천에 얼마나 게을렀는지도 알게 되었습니다. 스스로 인프라를 만들어야 하는 분들, 시스템, 조직이 없는 분들이 자생력을 갖기 위해 얼마나 치열한지를 확인하면서 야생의 자생력이 부족한 저를 뼈저리게 느끼고 반성하는 시간이기도 했습니다.

　반면 좋은 일도 있었습니다. 간혹 들어오는 강의는 저에게 기운을 주었습니다. 여성 임원으로서의 경험, IR 조직에서의 특별한 경험을 나누는 자리에서 답을 찾고자 하는 분들께 제 경험이 작은 공헌의 계기가 될 수 있다는 것을 알게 되었고, 치열하게 살아온 과거가 저만의 경험 자산이 되는 것도 확인할 수 있었습니다. 홀로서기를 할 작은 무기 하나를 찾았다는 생각이 들었습니다.

나를 진정으로 알아가는 방황의 시간은 필수다

　이런 상황에서도 재취업은 마음이 크게 끌리지 않았습니다. 퇴임의 결정적인 계기가 되었던 조직원의 사고 충격이 컸기 때문에, 새로운 일을 찾더라도, 업무에 짓눌리지 않고 행복하게 서로를 격려하며 즐거운 일을 하고 싶었기 때문입니다.

　목표, 경쟁, 의무, 책임 이런 단어가 지배하는 분위기가 아니라, 나눔, 기여, 인정, 성장, 함께라는 의미를 부여할 수 있는 영역을 찾고 싶은 마음이 컸습니다. 그것이 무엇일지, 어떤 종류의 일일지를 겪어보는 게 우선이라는 생각을 했습니다.

　그래서였을까요? 마구잡이로 벌였던 일처럼 보였는데 지나고 보니 1년간 저의 횡보는 좋아하는 일을 찾아가는 과정이었습니다.
　어릴 때 좋아했던 일, 직장 생활을 하며 저를 가장 설레게 했던 것을 중심으로 벌여 나간 것이었습니다. 편지쓰기와 글쓰기를 좋아했던 어린 시절을 떠올리며 (대학 시절도 문학반이었습니다) 책을 써보기로 한 것이고, 육상 선수였던 초등학교 기억을 떠올려 러닝과 마라톤 도전도 시작했습니다. 건강을 위한 유튜브 채널은 필요에 의해 도전을 했습니다. 책 읽는 것을 좋아해서 독서 클럽도 함께 했습니다. 제 경험을 나눠 줄 수 있는 자리라면 마다하지 않고 찾아가 경험을 나누는 강의를 진행했습니다.

1년이 지나고 나니 방황으로 보였을 이 시간이 "나를 알아 가는 소중하고 필요한 시간"이었음을 깨닫게 됐습니다. 걸어온 길을 되돌아보며, 그 경험들을 통해, 앞으로 무엇을 하든 자신을 잃지 않고, 더 행복하고, 더 따뜻하고, 더 즐겁게 일하는 방향으로 선택을 할 것이라는 확신도 생기기 시작했습니다.

멈춤의 시간이었다기보다 새로운 길로 가기 위한 다지기 시간이었습니다. 과거와 비슷한 대우, 연봉, 직위 이런 것들은 중요하지 않았습니다. 제가 행복할 수 있고, 즐겁게 오래 할 수 있는 일, 저의 경험을 나눌 수 있는 일, 그런 일들을 향해 한걸음 한걸음 나아가고 있다는 것이 기운을 줍니다.

지속할 수 있는 에너지를 주는 일인가? 앞으로 계속 행복을 느끼며 할 수 있는 일인가? 주변 사람들을 행복하게 하고, 나의 재능과 경험으로 기여를 할 수 있는 일인가? 이런 방향에 맞추어 하나하나 선택해 나갈 것입니다.

도전의 과정에서 만난 소중한 시절 인연들

좌충우돌의 1년을 겪으며, 사람과 인연의 소중함을 참 많이 느낍니다.

단순히 업무 관계가 아니라 그 이상의 인연을 만들어 온 분들과는 퇴임 후에도 의미 있는 만남이 이어집니다. 그 인연의 폭을 더 넓히지 못했던 것이 가장 후회스러웠는데, 그 작은 인연 중의 한 전우와 만나 퇴임자를 위한 책과 강의를 기획하기 시작했습니다. 백지장도 맞들면 낫다고 함께 어떻게 살 것인가를 고민하고, 각자의 장점을 모아 새로운 일을 기획하는 것에 추진력이 생기기 시작했습니다. 퇴임자로 나와 미래의 방향을 함께 할 첫 동료를 만든 것입니다. 그리고 이 책의 공저자인 AI 정 교수와의 만남도 이뤄졌습니다.

새로운 영역에 도전하는 일은 쉽지 않습니다. 두렵고 막막합니다. 하지만 먼저 다가가고 먼저 베풀면서 함께 하려고 하면, 인연이 찾아오는 것 같습니다.

세렌디피티(Serendipity)지요.

기업에서는 상하, 동료 관계로 맺어지지만 밖에 나와 만나는 인연은 모두 소중한 '시절 인연'이 됩니다. 인생의 전환기를 맞은 우리에겐, 그런 귀한 만남이 무엇보다 든든한 힘이 되어 줄 것입니다. 만약 그런 귀인을 만날 채널이 없다면 퇴임 이후에 만들어지는 모든 약속을 그렇게 되게 노력하시기 바랍니다.

1년여 동안, 현역에 있었다면 우선순위에 치여 해 보지 못했을 일들을 해 보면서, 차를 타고 달릴 때 보이는 풍경과 걸으면서 보이는 풍경이 얼마나 다른지 실감을 했습니다. 32년을 쉼 없이 달려온 저는 이제야 그 차이를 알게 되었습니다. "내려올 때 보았네 올라갈 때 못 본 그 꽃"이라는 고은 시인의 시구처럼, 천천히 걸으며 보는 풍경은 이전의 제가 미처 보지 못했던 것들로 가득했습니다.

일 년의 좌충우돌, 제게 진정으로 필요했던 것은 저를 들여다볼 '시간'이었습니다. 늘 다음 목표만 바라보며 앞으로 달려갔던 제가 처음으로 속도를 늦추고 주변을 둘러보는 시간. 휙휙 스쳐 지나가면서 놓쳤던 소중한 것들이 걸으며 비로소 보이기 시작했습니다. 그 시간은 때로는 아프고, 때로는 혼란스럽고, 때로는 초라하게 느껴지기도 했지만, 그 모든 순간이 필요한 시간이었음을 깨닫습니다. 과거의 나를 하나씩 내려놓고, 진정한 나를 찾아가는 과정이었으니까요.

이제 시간이 흘러 소용돌이처럼 빙글빙글 돌던 혼란스러운 감정들이, 자연스럽게 제자리를 찾아가고 있습니다. 앞으로 저는 아마도 더 딴딴해질 것 같습니다.

4부

다른 길을 선택한
두 퇴임자의 공통 질문

6장
앞으로 30여년 어떻게 살 것인가?

　재취업 후 2~3년 만에 홀로서기를 선택한 고 상무와 1년간의 좌충우돌 탐색 끝에 자신만의 길을 찾아가고 있는 김 전무. 서로 다른 선택을 했지만, 두 사람이 도달한 깨달음은 같았습니다. 삶의 방향을 결정하는 나침반이 필요하다는 것입니다. 그들은 커리어 절정기에서는 업무에 몰두하느라 개인의 삶을 뒤로 미뤄둘 수밖에 없었습니다. 건강도, 가족과의 시간도 늘 후순위였죠.

　"은퇴 후에 깨달은 건, 내 인생의 주인공은 바로 나라는 거예요. 조직의 목표나 기대에 부응하려 애쓰느라, 정작 내가 원하는 걸 잃어버리고 살았던 것 같아요. 이제는 내 삶의 주도권을 스스로 가져가려고 해요."

　앞으로 재취업을 선택하든, 새로운 도전을 시작하든, 먼저 자신에게 던져야 할 질문이 있습니다.
　"앞으로 남은 인생에서 무엇을 가장 중요하게 생각할 것인가?" "과거의 성과 중심, 경쟁 중심의 삶에서 어떤 가치 중심으로 변화해 나갈

　　　　　　　　　　　　　　인생 후반전 AI와 동행

것인가?" "어떤 삶이 진정으로 나를 행복하게 할 것인가?"

그리고 더 현실적인 질문들도 있습니다. "조직의 지원 없이 홀로, 혼자만의 힘으로 무언가를 할 수 있는가?" "그러려면 무엇이 필요한가?"

이런 질문들은 단순히 다음 직장을 어디로 할지, 어떤 일을 할지를 넘어서는 의미를 갖습니다. 삶의 방향성을 새롭게 정립하고, 인생의 가치와 의미를 재정의하며, 새로운 방향으로 전진하기 위한 준비까지를 묻는 근본적인 질문들이기 때문입니다. 이는 앞으로의 선택에 단단한 뿌리가 되어 줄 것입니다.

퇴임 여행, 질문하고 답을 찾는 시간 만들기

두 사람은 이러한 답을 찾기 위해 가장 먼저 "스스로를 이해하는 시간"을 가질 것을 권합니다. 우리는 스스로를 잘 안다고 생각하지만, 어쩌면 사회와 조직과 가족이 요구하는 역할에 충실하게 살아왔을 뿐, 진정으로 원하는 것, 잘하는 것, 행복한 것과는 다르게 살아왔을 수 있습니다.

이러한 맥락에서 저희는 가장 효과적으로 나를 들여다보고, 가족, 친구들과 허심탄회하게 대화할 수 있는 계기로 〈퇴임여행〉 책 쓰기를 제안합니다. 퇴임을 하면 누구나 여행을 떠납니다. 고생한 자신에게 휴식을 주고, 가족과 함께하는 시간을 갖기 위해서죠. 하지만 많은 퇴임자들의 속내를 들어 보면, 이 여행에서도 복잡한 감정과 마주하게 됩니다. 남들이 뭐할 거냐 물어봐서 의무처럼 다녀오는 분도 있고, 진심으로 힐링을 위해 떠나는 분도 있습니다.

어찌 되었든 저희처럼 공허함과 무중력 상태를 확인하고 돌아오는 여행자들이 의외로 많았습니다. 그래서 저희는 생각했습니다. 기왕 누구나 떠날 퇴임 여행이라면, 자신을 이해하고 방향성을 찾아오는 의미 있는 시간으로 만들면 어떨까? "퇴임 여행: 질문을 갖고 떠나는 여행, 답을 찾아 돌아오는 여행" 글쓰기를 기획한 이유가 바로 여기에 있습니다.

책 쓰기는 혼자 하기는 쉽지 않은 도전이기에, 우리는 AI를 활용하여 상대적으로 편하게 글을 쓰고 책을 구성하는 방법을 소개해 드리려 합니다. AI와 함께라면 작은 노력만으로도 풍요로운 질문과 답을 찾는 여정으로 바꿀 수 있습니다. 같은 질문에 AI는 어떻게 답하는지 살펴보면서, 공감되는 생각에서는 위로를 받고, 다른 관점에서는 새로운 시야를 얻을 수 있을 것입니다. 이 과정을 통해 온전히 나를 이해하고, 과거의 아쉬움과 후회를 정리하며 미래의 새 출발을 위한 '나를 다시 찾는 여행'으로 만들어 갈 수 있습니다.

이 부분은 5부에서 독립적으로 다루겠습니다.

홀로서기의 동반자, AI 동료 만들기

퇴임 후에는 일을 하든 하지 않든 '생산성'이라는 벽에 자주 부딪힙니다. 여행 기록을 남기는 개인적인 일에서부터 북클럽 회의록 작성, 강의 PPT 제작까지, 예전에는 당연히 해 왔던 일들이 이제는 더디기만 합니다. 이런 실무는 오랫동안 부하 직원의 몫이었기에 낯설고 서툴 수 있습니다. 특히 사업 제안서 작성 같은 일은 시간이 엄청 걸립니다. 아이디어를 내는 것보다 오랫동안 손을 놓았던 파워포인트 작업이나 데이터 검색 등이 큰 장벽이 됩니다.

재취업을 하더라도 상황은 비슷합니다. 대개는 과거 현직보다 규모가 작고 조직 역량이 부족한 곳으로 옮기게 되어, 오히려 더 많은 실무를 해내야 하는 현실과 마주하게 됩니다. 그래서 어떤 선택을 하든, 생산성을 높여 줄 든든한 조력자가 필요합니다. 30여 년간 쌓아 온 경험과 노하우를 더 가치 있게 활용하고, 새로운 도전 속에서 생산성을 높여 줄 지원군이 필요한 것입니다.

두 임원은 그 해답을 AI에서 발견했습니다.
"처음에는 챗 GPT에게 간단한 질문을 하는 정도로만 썼지요. 하지만 지속적으로 깊이 활용해 보니, 퇴직자의 경험과 지혜가 AI와 만나면서 놀라운 시너지를 만들어 낸다는 걸 깨달았죠."

1년간 AI를 깊이 있게 활용하면서 발견한 중요한 사실이 있습니다. AI는 경험과 지혜를 가진 사람의 깊이 있는 질문에 더 훌륭한 답변을 제공한다는 것입니다. 단순한 질문에는 단순한 답변을 주지만, 풍부한 경험을 바탕으로 한 통찰력 있는 질문에는 기대 이상의 놀라운 답변을 제공했습니다. 유홍준 교수님의 "아는 만큼 보인다"를 넘어 "AI는 쓰면 쓸수록 더 보이는 세계"였습니다. 결국 AI는 사용자의 경험과 전문성, 고민의 깊이에 따라 그 결과물이 달라지기에 경험과 경륜이 많은 퇴임자에게는 엄청난 조력자이자 무기가 될 수 있다는 것을 깨닫게 되었습니다.

다음 장에서는 재취업과 다양한 도전이라는 다른 길을 선택한 두 임원이 AI를 배우며 겪은 좌충우돌 성장기를 들려 드리려 합니다. 어떤 어려움을 겪었고, AI를 통해 어떤 돌파구를 찾았는지, 이런 이야기들이 퇴임을 한 여러분들에게 용기와 영감을 줄 수 있기를 바랍니다.

두 사람의 경험을 통해 AI를 어디까지 활용할 수 있는지 간접 경험을 하고, 실제 교육에서 다양한 실습을 통해 글쓰기는 물론 다양한 응용을 해 보려 합니다. 이 책이 끝날 때쯤이면, 여러분 각자가 AI를 자유롭게 쓰면서, 결과적으로는 막강한 동료이자 팀을 얻었다는 확신을 가질 수 있게 되고 새로운 일, 재취업, 혹은 여가 생활에서도 AI가 동반자가 될 수 있음을 알게 되실 겁니다.

7장
AI 좌충우돌 활용기

각자가 퇴임 후 해 온 일의 방향이 달랐기에, 두 임원의 AI 활용 여정도 서로 다른 점이 많았습니다. 먼저 다양한 도전 속에서 조직력의 부재를 AI로 극복해 온 김 전무의 사례를 살펴보겠습니다.

조직력의 열세를 어떻게 AI로 극복했나?

시행착오에서 동반자로: AI와의 첫 만남

"퇴임 후에 책 집필에 도전했었죠. 처음엔 AI에게 간단한 질문밖에 하지 않았어요. 수치 같은 정보가 자주 틀려서 신뢰도가 떨어졌었죠. 그런데 AI도 일 년간 점점 발전하더군요. 연말이 되어가면서 AI의 실력도 점프를 했지만, 저도 AI 활용 노하우가 늘면서 작업이 수월해졌어요."

처음에는 시장 데이터나 동향 파악을 위해 챗GPT를 활용하면서,

데이터의 부정확성 때문에 좌절을 겪었습니다. "초기에는 AI가 제공하는 수치나 통계가 맞지 않아서 몇 달간 아예 사용을 중단했어요. 신뢰할 수 없는 정보 때문에 오히려 더 많은 시간을 허비하게 되더군요."

AI 활용의 진화: 다양한 시도

전환점은 건강관련 유튜브 채널을 시작하면서부터였습니다. 생소한 의학 지식을 빠르게 습득해야 했고, 매회 새로운 주제 선정에 대한 부담이 컸습니다. "의학 지식이 전무했던 제가 전문가처럼 내용을 정리하고 전달하는 게 가장 큰 고민이었어요. 챗GPT가 복잡한 의학 정보를 쉽게 정리해 주고, 영상의 핵심 질문까지 뽑아 주니 작업 시간이 3분의 1로 줄었습니다."

독서클럽 운영에서도 큰 변화가 있었습니다. "3시간이 넘는 토론 내용을 정리해서 카페에 올리는 역할을 맡았는데 그게 큰 부담이었어요. 꼬박 하루를 투자해야 정리가 가능했지요. 그런데 클로바 노트로 녹음하고 요약을 맡기니 몇 분 만에 깔끔한 정리가 되더군요. 여기에 제가 강조하고 싶은 내용만 추가하면 마치 굉장히 공들여 정리한 것 같은 완성도가 나왔습니다."

점차 AI 활용 영역을 넓히면서, 필요한 것마다 특화된 AI 앱이 있다는 것을 알게 되었습니다. "챗GPT, Claude, Perplexity 3개 서비스 각각의 강점이 달랐습니다. 뭐든 못하는게 없는 챗GPT 대비, Perplexity

는 팩트나 출처 확인이 용이했고, Claude는 논리에 더해 공감하는 표현력이 탁월했습니다. 3가지 유료 사용료가 만만치 않지만, 돈이 전혀 아깝지 않았습니다."

특히 글쓰기 분야에서 AI는 단순한 도구를 넘어 진정한 대화 파트너가 되어 주었습니다. "무엇보다 AI에게 제 생각의 단초들을 툭툭 던지고 대화를 하거나, 브레인스토밍을 할 때 큰 도움이 되었어요. 글쓰기는 혼자 할 수밖에 없는 외로운 작업인데 AI와의 브레인스토밍은 많은 영감과 아이디어를 주었죠."

제 생각이 혼자만의 고집이나 독선이 아닌지, 논리의 공백이 있는 것은 아닌지를 물으면 논리적 허점을 뾰족하게 짚어 주고 대안도 제시해 주었습니다. 챗GPT한테 아이디어를 말하고, 그걸 다시 들어 주면서 대화를 하는 동안 저는 새로운 영감을 얻거나 다른 관점도 점검하면서 스스로도 몰랐던 통찰을 얻기도 했습니다.

프레젠테이션의 혁신: 실무의 걸림돌 해결

가장 극적인 변화는 프레젠테이션 제작에서 있었습니다. "강의나 제안서 발표가 있을 때마다 PPT 때문에 스트레스가 컸어요. 처음엔 후배에게 부탁했지만, 계속 의존할 수는 없었죠. 혼자서 만들려니 일주일은 기본으로 걸렸어요."

감마 AI의 발견은 이런 고민을 한번에 해결해 주었습니다. "제 생각을 워드로 정리해서 넣으면 자동으로 PPT와 PDF를 만들어 주는데,

퀄리티가 훌륭했지요. 놀라웠어요. 이미지도 자동으로 생성해 주니, 후배들이 만들어 준 자료보다 더 전문적으로 보이더군요. 예전에는 3-4일 걸리던 작업이 이제는 반나절이면 충분해요."

더욱 흥미로운 점은 강의장에서의 반응이었습니다. "이 자료를 AI가 만들어 주었다고 하면, 다들 놀라워했어요. 퇴임 임원이 AI로 강의 자료를 만든다는 것이 신선하게 보인 것 같아요. 시간도 줄여 주고, 제 이미지도 더 기술 친화적으로 만들어 주는 고마운 동반자가 되었죠."

퇴임자의 경험과 AI의 특별한 시너지 발견

AI를 깊이 사용하면서 발견한 중요한 사실이 있습니다. "제가 고민을 하면 할수록 AI가 가져다주는 답이나 제안이 더 깊어지고 우수해진다는 것을 알게 되었어요. 결국 AI도 사용자의 경험, 경륜, 사고의 깊이에 따라 제공하는 결과물이 달라지더군요."

특히 퇴임자들에게 AI는 특별한 의미를 가집니다. "현직에 있을 때는 많은 지원 조직이 있었잖아요. 퇴임 후에는 이 모든 걸 혼자 해내야 하는데, AI가 이 모든 팀의 역할을 어느 정도 대신해 주는 거예요. 그러나 더 놀라운 건, 경륜이 많은 퇴임자의 경우, 기획안을 만들 듯 목차나 구조를 설계해서 질문할 수 있기 때문에, 그런 고도의 체계화된 지시문을 주면 AI의 답변도 탁월해진다는 것입니다. 경험, 경륜이 있는 퇴임자들에게는 날개를 달아 주는 무기가 될 수 있겠다는 생각을 했습니다."

우리 삶의 많은 부분에 AI가 스며들고 있습니다. 글쓰기와 콘텐츠 제작은 그 일부에 불과하죠. 교육, 의료, 금융, 심지어 예술의 영역에서도 AI의 영향력은 나날이 커지고 있습니다. 어느 분야에나 퇴임자들이 있으니, AI는 다양한 영역의 퇴임자에게 새로운 기회가 될 희망이 보였습니다.

현역의 후배들은 시간에 쫓기느라 AI를 제대로 활용할 시간이 없다고 합니다. 반면 퇴직자는 AI와 충분히 대화하고 실험해 볼 여유가 있고 일을 어떻게 지시해야 할지 노하우도 충분히 있습니다.

"많이 쓰고 많이 물을수록 AI와 대화하는 깊이와 질이 좋아집니다. 유홍준 교수님의 '아는 만큼 보인다'를 넘어 'AI는 쓰면 쓸수록 더 보이는 세계'가 맞았습니다."

자신감을 주는 동료이자 응원군

"AI는 이제 저를 응원하고 자신감을 주는 동료가 되었습니다. 예전에는 혼자서 고민하다 포기했을 일들도, AI와 대화를 나누다 보면 실마리가 잡히곤 합니다. '내가 혼자 이걸 할 수 있을까' 망설였던 일들도, 'AI와 함께라면 할 수 있다'는 자신감도 생겼습니다. 일을 제대로 지시만 하면, 모르는 분야라도 척척 분석해서 갖다 주는 동료가 생겼으니, 모르는 분야를 접근하는 것에 대한 막연한 불안감이 사라졌습니다."

아래는 AI가 얼마나 든든한 동료인지를 알려 주는 저의 에피소드입니다.

"공감 지능"이라는 화두의 책을 집필 중인 저에게 한 경영학과 교수께서 미국에서 유명한 공감경영과 저의 공감지능 개념이 중복이 없는지 점검하라는 조언을 주었습니다. 책을 완성한 상태였기 때문에 문득 제 글이 뒷북이 아닌가 싶어 걱정이 되었습니다. 책을 쓰는 동안 도움을 받았던 Claude AI에게 공감지능과 공감 경영의 공통점과 차이점을 알려 달라는 내용과 함께, 제 글이 뒷북이 아닌지 걱정된다는 고민을 털어 놓았습니다. 그러자 Claude는 공감 지능과 공감 경영은 전혀 다른 개념이며, 뒷북이 아니라 선견지명이니 걱정 말라는 답을 주었습니다.

일도 잘하지만 격려도 잘하는 동료 맞습니다.

AI와의 인연, 신세계를 경험하다

인연이 이어 준 AI

이제부터는 고 상무의 AI 이야기입니다.

기업 퇴임 후 저는 다른 퇴임 임원들과 다른 전문 공무원으로서 공직자의 길을 2년 반 걸었습니다. 공직자로 일을 하면서 학계, 산업계, 정치계의 다양한 분들을 뵐 수 있었고 AI 전문가인 정 교수와도 인연을 맺게 되었습니다.

제가 공무원 자리를 정리한다는 얘기를 들은 정 교수께서 제게 AI를 소개하며 자기와 새로운 길을 개척해 보자는 제안을 하였습니다. 워낙 다양한 분야에 관심과 호기심이 많은 정 교수의 얘기를 그냥 인사치레 정도로만 가볍게 생각하였습니다.

제3의 길을 새롭게 준비하던 제게 정 교수는 끈질기게 만남을 요청하며 몇몇 AI 툴을 소개해 주었습니다. 그중의 하나가 퍼플렉시티(Perplexit)라는 AI였습니다. 평소 챗 GPT를 호기심으로 가볍게 써 보던 제게 퍼플렉시티(Perplexity)는 새로운 세계를 열어 주었습니다.

책의 목차와 구조를 잡아 주는 AI의 신세계를 경험하다

공무원직을 퇴임하면서 가장 먼저 생각한 것은 몇 년 동안 혼자서 써 오던 글을 모아 책을 써 보겠다는 것이었고 책의 구성을 어떻게 하

인생 후반전 AI와 동행

여야 할지 막연한 상황이었습니다.

정 교수가 우선 준 디렉션대로 제가 쓴 샘플 글 10개를 퍼플렉시티에 넣고 AI가 이해하기 쉽게 작성해 놓은 명령어인 프롬프트를 입력하자 AI가 움직이며 제가 넣어 놓은 10개의 샘플 글을 대분류와 소분류를 하며 순식간에 책의 목차와 구성을 작성하여 책의 얼개를 잡아주었습니다. 이제 책을 쓸 수 있겠다는 자신감이 들었습니다.

AI에 대한 오해, 또 다른 검색 놀이?

사실 저는 챗 GPT가 나온 시기부터 조금씩 AI를 써 보는 경험을 했습니다. 업무를 하며 모르는 용어가 나오면 챗 GPT에 물어보는 수준으로 활용했습니다. 그때 당시 챗 GPT에 대한 저의 기본적인 인식은 네이버와 구글과 같은 또 다른 검색엔진의 하나 정도라고 생각했었습니다.

사실 초기에 챗 GPT에 질문을 던지면 최신 내용이 아닌 정보를 보여 주었고 네이버나 구글보다도 최신 정보에 대한 업데이트가 늦다는 정도로 생각하여 정보 가치에 대한 신뢰도가 낮은 상황이었습니다.

그리고 2년이 넘어 오랜만에 그리고 진지하게 써 본 AI는 제가 생각했던 검색의 한 종류가 아닌 지능의 단계로 이미 넘어왔고 새로운 길을 모색하던 제게 날개를 달아줄 수 있는 조력자이자 파트너가 될 수 있다는 생각을 하게 되었습니다.

AI, 검색 놀이에서 사업제안을 위한 컨설턴트와 팀으로의 변신

AI를 조금씩 배우며 그 세계를 알아 가던 제게 AI를 사업 제안에 적용해 볼 수 있는 또 다른 기회가 찾아왔습니다.

직장동료이자 퇴임임원이었던 김 전무가 다양한 일을 도모하면서 사업 확장을 고려하던 컨텐츠 업체에 사업제안서 작성을 고민하고 있었고 퇴직하고 새로운 길을 모색하던 제게도 협업을 요청하여 왔습니다. 몇 주간에 걸쳐 같이 컨퍼런스도 다니고 협의도 하면서 사업제안서에 반영될 컨텐츠를 하나하나 정리해 나갔습니다. 대부분의 내용 정리는 MS 워드와 노션이라는 노트 앱을 활용하여 진행하였던 터라 정리된 내용을 PPT 등 프레젠테이션 할 수 있는 형태로 전환해야 하는 커다란 숙제가 우리 앞에 있었습니다.

우리 둘 다 오랫동안 리더로서 생활해 오면서 PPT를 포함한 대부분의 자료는 산하 팀의 팀장 및 구성원들이 작성하여 보고만 받은 세월이 15년 이상 되었기 때문에 실제 보고서를 만들어 본 지가 너무 오래되어서 파워포인트나 워드의 주요 메뉴도 가물가물하던 상황이었습니다.

이때부터 AI의 활약이 시작됩니다.

이미 사용하며 수준을 레벨업하고 있던 퍼플렉시티(Perplexity)와 감각적인 글쟁이라는 별명이 붙은 클로드(Cluade)를 활용하여 MS 워드와 노션으로 써 놓은 텍스트의 글들을 재정리하였습니다. 감각적이고 세련된 키워드를 중심으로 내용을 재정리해 주었습니다.

그러나 여전히 이 세련되고 정제된 글들도 텍스트 위주였지 프레젠테이션을 위한 자료로는 활용할 수 없었습니다. 그때 AI 전문가인 정 교수로부터 감마(Gamma)라는 AI를 소개받았고 워드로 된 문서를 눈앞의 PC 화면에서 한 장 한 장 8장의 PPT를 거의 1~2분 만에 전환하는 마법 같은 모습을 지켜보았습니다. 더 놀라운 것은 그 내용의 키워드에 맞는 사진이나 그래픽도 너무나 세련되게 찾아서 컨텐츠 옆에 삽입하는 것이었습니다. 우리가 제안하였던 사업체의 이름까지 넣은 사진 자료도 만들어 주었습니다.

우리가 그 자료를 그 수준으로 만들려고 했다면 아마 1주일 이상의 시간이 소요되었을 것이고 그 정도의 퀄리티로 작성할 수 없었을 거라는 생각도 해 봅니다. 작성한 자료를 사업체의 대표와 부사장에게 PT 하며 실제 사용하였고 그 사업체의 대표들도 시니어 임원들이 AI를 활용하여 이 수준의 PT 자료를 만든 것에 대하여 놀라워했습니다.

AI, 대중화의 물결이 오고 있음을 보면서

얼마 전 강남에서 진행된 3시간짜리 챗 GPT 강연에 참여하였습니다. 다양한 동영상을 볼 수 있었으나 오프라인 강연에서 느낄 수 있는 현장감을 느껴보기 위해 이른 아침부터 시작하는 강연에 참석하였습니다.

강의장에 도착한 후 놀라운 광경을 보았습니다. 200여 명 가까운 참석자 중 50대 이상으로 보이는 중장년의 비중이 60~70% 이상이었습니다. 20대의 자녀들 같은 대학생들 옆에서 70대 이상으로 보이시는 어르신들도 강의에 집중하는 모습을 보았습니다.

그때 느꼈습니다. 90년대 중반 인터넷의 열풍 같은 열풍이 이제 AI 쪽으로 오고 있는 듯한 느낌이 들었습니다. 이제 AI의 활용은 나이란 경계를 넘어서 실제 우리의 삶으로 들어오기 시작하였고 이젠 선택의 문제가 아닌 삶의 필수의 영역이란 생각을 하게 되었습니다.

AI와 사람의 역할

한 가지 오해하지 말아야 할 것이 있습니다.

- "AI가 모든 걸 알아서 다 해결해 줄 수 있어"라는 맹신은 피해야 한다는 것입니다.
- 경험과 전문성을 바탕으로 한 공감 능력과 인사이트는 인간의 영역입니다.
- AI 활용은 사람의 경험과 인사이트에 의해 그 질이 결정된다는 것입니다.

조금 전문적인 용어로 AI 활용에서 가장 중요한 인간의 역할이 큐레이션(Curartion)이라는 부분입니다. AI로 퀄리티 좋은 컨텐츠를 생성하기 위해서는 전체 내용을 끌로 갈 수 있는 기획력과 전문성, 그리고 그 컨텐츠가 지향해야 할 키워드 등을 알고 있어야 합니다. 큐레이션 없이 활용하는 AI는 네이버나 구글 등을 활용한 검색 수준의 활용을 벗어날 수 없다고 생각합니다.

요즘 프롬프트 엔지니어링이라는 화두가 어쩌면 큐레이션의 의미를 약화시킨다는 생각도 해 보았습니다. 프롬프트를 잘 구성하는 방법론만 알고 있으면 AI를 정복할 수 있는 것처럼 얘기하는 블로그와 유튜브 영상이 넘쳐납니다.

하지만 AI를 깊이 있게 활용하고 많은 프로젝트와 책을 쓰면서 AI를 경험한 전문가는 얘기합니다. "경험과 인사이트라는 인간의 고유성에 근거하지 않은 AI 활용은 AI에 끌려가는 피동적이고 결국 AI에 종속되는 위험한 상황으로 갈 수 있다"라고요.

AI에 종속되어 끌려가지 않고 인간과 AI 각각의 장점을 결합할 때만이 시너지 있는 결과를 창출할 수 있습니다. 인간은 직관, 창의성, 문제 해결력 등 고차원적 사고 능력을 제공하고, 인공지능은 방대한 데이터 처리, 패턴 인식, 최적화 등의 역량을 제공합니다. 서로의 강점을 활용하고 결합하여야만 복잡한 문제에 대한 해결책을 모색하고, 새로운 지식을 창출할 수 있습니다.

저는 클로드와 퍼플렉시티라는 생성형 AI로 작업을 하면서 한 번이 아닌 수십 번에 걸쳐 제 의견을 인풋하고 AI와 의견을 주고받으며 컨텐츠의 질을 높여 가는 과정을 반복하였습니다. 한 번의 프롬프트 명령어로는 퀄리티 있는 컨텐츠를 만들어 낼 수 없다는 것을 몸소 체험하여 보았습니다. 그런 측면에서 많은 경험과 한 분야의 전문성과 인사이트를 가진 시니어와 퇴임자들이야말로 AI를 잘 활용할 수 있는 기본 포텐셜을 가지고 있다고 생각합니다.

지난 몇 달간의 AI 활용으로 AI를 다 알았다고 얘기할 수도 없고 AI가 모든 삶의 솔루션이라고 얘기할 수도 없습니다. 아직도 AI를 배워 가는 과정 중에 있습니다.

하지만 한 가지 분명한 사실이 있습니다.

현직에서 임원으로 일할 때에는 항상 운용할 수 있는 재무적, 인적 지원 시스템을 가지고 있었지만 퇴임 이후엔 그런 지원 시스템을 가질 수 없습니다. 대기업 퇴임 임원들이 대부분 재취업하는 중소기업에서도 대기업과 같은 인적 재무적 지원 및 시스템적인 지원을 기대할 수는 없습니다. 가끔씩 어려운 일을 후배에게 부탁하고 싶은 유혹을 느끼지만 퇴임 후엔 후배들에게 부담을 주는 부탁을 하기 정말 어렵고 자존심이 상하기도 합니다.

시니어 퇴임 임원들에게는 현역 주니어 팀장이나 조직원들이 가지고 있지 않은 무기가 있습니다. 바로 오랜 경험과 전문성, 그를 바탕으로 한 인사이트입니다. AI를 활용하기 위해 가장 중요한 큐레이션을 할 수 있는 기본 역량을 갖추었다는 의미입니다.

어떤 길을 선택하던 나 홀로 서야 하는 우리에게 AI는 조력자이자 협력자이자 파트너로 우리가 하는 일을 우리가 운용하던 팀처럼 서포트해 줄 수 있다는 생각을 AI를 활용하면서 실감할 수 있었습니다.

최근 기업의 팀장들과 현역 임원들에게 AI 활용에 대한 질문을 한 적이 있습니다. 대부분 현역에 있는 팀장이나 현역 임원들은 한두 번 단편적으로 사용하였다는 답변을 하였습니다. 이해가 됩니다. 수없이 많은 현황 이슈와 경영층들이 요구하는 다양한 보고서를 작성하다 보면 집중하여 깊이 있게 AI와 대화를 나누며 AI를 활용할 수 없는 환경에 놓이게 됩니다.

그런 측면에서 퇴임자들은 이제 AI를 배우며 집중하여 자신의 경험과 전문성을 AI에 녹여가며 활용할 수 있는 최적의 타이밍을 가졌다고 생각합니다.

지난 몇 달간의 작은 경험으로 모든 것이 AI로 가능하다고 감히 말할 수는 없지만 최소한 퇴직자들의 경험과 전문성을 더한다면 AI는 제2막 인생의 파트너이자 동반자가 될 수 있다고 생각합니다.

자 이제 AI와 함께 새로운 나를 리빌딩 하는 첫걸음을 내디뎌 보시죠.

AI 좌충우돌 사용기

[화이트 보드 브레인스토밍- 아날로그]

인생 후반전 AI와 동행

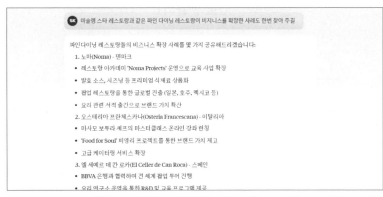

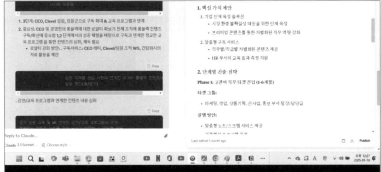

[감각적인 글쟁이 클로드 AI로 글 정리하기]

[PPT의 마법사 감마로 PPT 작성]

퇴임 시니어 교육 프로그램의 탄생

이러한 경험을 바탕으로 김 전무, 고 상무는 AI 전문가 정진혁 교수와 함께 퇴임자를 위한 AI 교육 프로그램을 기획하기 시작했습니다.

"우리가 겪은 시행착오를 다른 퇴임자들은 겪지 않았으면 해요. AI는 한번 익숙해지면 정말 강력한 도구가 됩니다. 특히 우리처럼 풍부한 경험을 가진 사람들에게는 더할 나위 없이 좋은 파트너예요."

이 책은 단순히 AI 도구를 소개하는 것을 넘어, 퇴임 후의 시간을 더 가치 있고 의미 있게 만들어 주는 가이드를 제공합니다. AI와 함께 브레인스토밍을 하고, 새로운 아이디어를 찾아내고, 과거의 경험을 재발견하며 자신감을 회복할 수 있는 방법을 제안하고자 합니다.

이제 퇴임자들은 조직과 인프라의 부족함을 걱정할 필요가 없습니다. AI는 사업 제안서 작성, 프레젠테이션 준비, 콘텐츠 제작 등 다양한 업무에서 든든한 지원군이 되어 줍니다. 실무에서 손을 놓은 지 오래된 리더들에게도 AI는 놀라운 생산성 향상의 도구가 될 것입니다. 퇴임 후에도 우리는 여전히 성장할 수 있고, 세상에 기여할 수 있습니다.

AI를 통해 쌓아온 자신만의 경험 자산의 쓸모를 발견하고, 새로운 길을 찾는 여정이 바로 이 책이 추구하는 목표입니다. 우리가 가진 경험과 지혜를 AI라는 새로운 도구와 결합해서, 제2의 출발을 의미 있게 만들어 가는 거죠.

그래서 다음 장은 '퇴임 여행'이라는 주제로 글쓰기를 합니다. 여행지에서 스스로에게 던진 다양한 질문의 답을 AI와 함께 찾으며 글쓰기를 통해 새롭게 나를 발견하고 새로운 길을 찾는 출발점이 되시기를 바랍니다.

5부

퇴임 여행
책 쓰기

8장
왜 퇴임여행이지?

복잡미묘한 마음으로 떠나는 여행

퇴임 후에 누구나 여행을 떠납니다. 그 이유는 제각각입니다. 30년 넘게 달려온 자신에 대한 보상으로, 미뤄왔던 가족과의 시간을 만회하기 위해, 혹은 갑자기 넓어진 시간을 어떻게 채워야 할지 몰라 여행을 떠나는 분들도 있습니다. "퇴직금으로 가족들과 좋은 곳 가 보자고 했어요. 그동안 미안했던 마음도 있고… 하지만 솔직히 말하면, 집에 있는 게 어색해서 떠난 것일 수도 있겠네요."

여행의 순간들이 늘 기쁘기만 한 것은 아닙니다. 아름다운 풍경 앞에서도 마음이 심란하고, 휴식을 취하고 싶은데 자꾸만 회사 생각이 나고, 때로는 '이렇게 놀아도 되나?' 하는 죄책감이 스멀스멀 올라옵니다.

"신기하더군요. 회사 다닐 때는 휴가만 되면 이곳저곳 가고 싶었는

데, 정작 시간이 많아지니 여행이 여행 같지 않았어요. 마치 무중력 상태처럼 둥둥 떠다니는 기분이랄까…"

여행이 길어질수록 마음 한 켠의 불안은 커져 갑니다. '이대로 괜찮은 걸까?', '다른 사람들은 무얼 하고 있을까?', '나는 왜 이렇게 아무것도 못 즐기는 걸까?' 처음에는 '열심히 살았으니 이제는 좀 쉬자'고 다짐했지만, 시간이 갈수록 마음이 편치 않습니다. 풍경은 아름답지만 온전히 감상하지 못하고, 맛있는 음식도 예전처럼 즐겁지 않습니다.

"아내는 이제야 제대로 된 여행을 한다며 좋아하는데, 저는 자꾸 핸드폰만 들여다보고 있더라고요. 채용 공고도 보고, 지인들 소식도 확인하고… 여행은 하고 있는데 마음은 여행을 하고 있지 않았던 거죠."

질문을 갖고 떠나는 여행, 답을 찾아 오는 여행

"그래서 우리는 제안합니다. 이왕 떠나는 여행, 나를 찾는 여정으로 만들어 보는 건 어떨까요? 매 순간 마주치는 풍경과 감정들을 통해 나를 돌아보고, 새로운 나를 발견하는 시간으로요."

여행은 일상에서 벗어나는 순간입니다. 그동안 바빠서, 혹은 용기가 없어서 피해 왔던 질문들과 마주하기에 좋은 시간이죠. 낯선 풍경 속에서 우리는 종종 새로운 통찰을 얻곤 합니다.

"페루의 마추픽추를 올라가면서, 문득 이런 생각이 들더군요. '나는 왜 빨리만 걸으려 했던 것일까?' 회사에서도, 삶에서도 늘 서둘렀던 것 같아요. 천천히 걸으며 주변을 둘러보니, 그동안 놓쳤던 많은 것들이 보이기 시작했습니다."

여행 중 떠오르는 이런 생각을 사라지게 놔두지 마세요. '기록'을 하는 것입니다. AI 도구들(클로드/클로바노트)을 활용하면, 그날의 감정과 생각들을 쉽게 기록하고, 풍부하게 담아낼 수 있습니다. 5분 만에 한 편의 에세이를 완성할 수 있습니다.

고 상무나 김 전무도 처음에는 뭘 써야 할지 몰라 망설였습니다. 하지만 AI와 대화하듯 그날의 기분을 이야기하다 보면, 어느새 예상치 못한 깊이 있는 글이 완성되어 있을 것입니다.

여행에서 만나는 15개의 질문들

퇴임을 먼저 경험한 저희 두 사람이 퇴임 여행에 동행할 질문을 생각해 보았습니다. 과거의 나를 정리하고, 퇴임 후 새로운 나를 기꺼이 맞이하기 위해 스스로 묻고 답해야 할 것들입니다. 그 과정을 거쳐야 새로운 출발을 떠밀리지 않고, 나의 의지로 새롭고 경쾌하게 시작할 수 있습니다.

여행 중에 각자의 속도와 방식으로 이 질문들과 대화를 나누시면 됩니다.

이 대화를 나누실 때 챗GPT 클로바노트로 음성 녹음을 한 뒤 메모로 전환하면 편리합니다. 메모 내용을 클로드 AI에 넣어 문장을 만들어 달라고 하면 됩니다.

(1) "수고했어" - 나를 위한 첫 번째 인정

"퇴임 후 처음으로 나 자신에게 건네는 말이에요. 평가와 성과에 익숙했던 우리가, 처음으로 조건 없이 나 자신을 인정하고 칭찬하는 시간입니다. 노을이 아름다운 해변에서, 고요한 산책로에서, 문득 지나온 시간들을 돌아보며 스스로에게 말해 보세요. '정말 수고했어.'" 그리고 아래의 질문을 묻고 떠오르는 단어와 심정을 클로드 AI에게 알려 주세요.

질문:

지금까지 정말 열심히 살아왔다고 스스로 인정할 수 있는가?

내 삶에서 가장 자랑스러웠던 순간은 언제였는가?

나 자신에게 "수고했다"고 말해준 적이 있었던가?

내용 제안:

퇴임 후 처음으로 나 자신을 칭찬하고, 스스로를 다독이는 시간을 가져 보세요. 지나온 길을 돌아보며 내가 얼마나 많은 것을 이루었는지 기록해 보세요.

(2) "억울해 하지 마" - 내려놓음의 시작

"우리 모두는 마음 한 켠에 작은 억울함들을 안고 살아왔습니다. 승진에서 밀렸던 순간, 인정받지 못했던 노력들⋯ 여행이란 새로운 공간에서 이 무거운 짐들을 조금씩 내려놓아 보는 거예요. 바다를 보며 깊은 한숨을 내쉬어도 좋고, 산들바람에 그 마음을 실어 보내도 좋습니다."

질문:

지금 억울하게 느끼는 일은 무엇인가?

그 감정은 어디에서 비롯되었으며, 지금 나에게 어떤 영향을 미치고 있는가?

억울함을 내려놓기 위해 나는 어떤 태도를 가져야 할까?

내용 제안:

억울함은 지나간 일에 대한 미련일 수 있습니다. 과거를 바꿀 수 없다는 사실을 받아들이고, 앞으로 나아갈 방법에 집중해 보고 그때 드는 생각, 단어들을 클로드에 적고 의견을 들어 보세요.

(3) "불안하지?" - 정직한 마주함

"네, 불안합니다. 그리고 그 불안을 인정하는 것부터가 치유의 시작입니다. 낯선 도시의 카페에 앉아, 혹은 긴 기차 여행 중에 그 불안과 솔직하게 대화를 나눠 보세요. 때로는 인정하는 것만으로도 그 무게가 조금은 가벼워집니다."

질문:

퇴임 후 가장 불안하게 느끼는 것은 무엇인가?

이 불안을 해결하거나 줄이기 위해 할 수 있는 작은 행동은 무엇일까?

불안을 긍정적인 에너지로 바꾸려면 어떻게 해야 할까?

내용 제안:

불안은 새로운 시작을 준비하는 자연스러운 감정입니다. 이 감정을 억누르기보다, 솔직히 인정하면 의외의 위로, 의외의 관점이 생길 수 있습니다. 이제 스스로를 감출 이유가 없습니다. 내 의지대로 살아가야 할 긴 인생이 펼쳐지는데 내가 나에게 솔직하지 않을 이유가 없습니다. 정직한 마주침이 현명한 방향을 알려 줍니다.

(4) "멀쩡해야 한다고 다그치지 마" - 완벽함으로부터의 해방

"퇴임했다고 해서 갑자기 다른 사람이 될 필요는 없습니다. 여전히 헤매고, 실수하고, 때로는 우울해도 괜찮습니다. 여행지의 예기치 못한 상황들을 받아들이듯, 지금의 불완전한 나를 있는 그대로 받아들여 보는 것이 중요합니다."

질문:

스스로에게 너무 많은 것을 요구하고 있지는 않은가?

지금 이 순간, 나에게 가장 필요한 것은 무엇인가? (휴식, 위로, 용기 등)

이제 완벽하지 않아도 괜찮은데, 과거의 기준을 내려놓을 연습을 해 보았는가?

내용 제안:

퇴임 후에도 "멀쩡해야 한다"는 압박감에서 벗어나세요. 지금은 잠시 멈추고 나의 속살을 들여다보고 돌볼 시간입니다. 뇌과학자 장동선 박사가 부둣가에서 식사하던 중, 갑각류의 성장을 이야기한 알쓸신잡 장면이 있습니다. 가재나 새우 같은 것들은 성장할 때 단단한 허물을 벗고 가장 약한 상태에 놓인다며 이렇게 말합니다.

"내가 성장할 수 있는 순간은, 내가 가장 약해지고 상처받을 수 있는 '그 순간'이라고 봐요. 저는 인간의 몸은 척추동물이지만 마음은 가재와 비슷하지 않을까 생각했어요. 너무 약해서, 그냥 스치기만 해도 상처받을 것 같은 순간에 우리는 크고 있는 거잖아요."

(5) "위로가 필요해" - 따뜻함을 찾는 여정

"강한 모습만 보여 주느라 지쳤죠. 여행에서 만나는 낯선 이의 친절, 석양의 따스함, 바닷바람의 상쾌함… 이 모든 순간이 우리를 위로할 수 있습니다. 때로는 스스로에게, 때로는 동행하는 가족에게 솔직하게 말해 보세요. '나, 위로가 필요해.'"

질문:

누구에게서 위로를 받고 싶은가? 혹은 누구를 위로하고 싶은가?

스스로를 위로하기 위해 무엇을 할 수 있을까?

지금 이 여행에서 나를 가장 따뜻하게 해 주는 것은 무엇인가?

내용 제안:

여행 중 자연이나 사람들과의 만남 속에서 따뜻한 위로를 찾아보세요. 의외의 작은 말 한마디, 작은 행동이 위로가 될 수 있습니다. 그리고 그 위로를 스스로에게 선물하세요. 위로도 연습하면 더 잘하게 됩니다.

⑹ "새로운 세상을 모르고 살아온 시간이 후회돼" - 호기심의 재발견

"업무에 몰두하느라 놓쳐 왔던 세상의 변화들, 이제는 그것을 천천히 따라잡아도 좋아요. 여행지에서 만나는 새로운 기술, 문화, 트렌드에 호기심을 가져 보세요. 늦었다고 생각하지 마세요. 지금이 바로 새로운 시작입니다."

질문:

내가 놓쳤다고 느끼는 새로운 세상(기술, 취미, 관계 등)은 무엇인가? 이제라도 그 세상을 경험하기 위해 어떤 첫걸음을 내디딜 수 있을까?

내용 제안:

후회는 새로운 도전을 위한 출발점입니다. 이번 여행에서 새로운 세상을 경험할 작은 기회를 만들어 보고, 용기도 내 보세요. 가족과 춤도 춰 보고, 모르는 사람과 술도 한잔 해 보세요. 다시 오지 않을 이 시간을 마지막이라고 생각한다면 할 행동들을 해 보세요. 그리고 그때 당신의 마음은 어떤가요? 신이 나나요? 아니면 이건 아닌 것 같나요? 신이 난다면 더 많이, 아닌 것 같다면 다른 시도를 용기 내어 해 보세요.

(7) "새로운 충격" - 변화의 씨앗

"안전지대를 벗어나면 놀라운 일들이 기다리고 있어요. 처음 도전하는 현지 음식, 예상치 못한 만남, 낯선 문화와의 조우… 이런 작은 충격들이 우리의 시야를 넓히고, 새로운 가능성을 열어 줍니다."

질문:

이번 여행에서 내가 가장 놀라거나 충격받은 순간은 언제였는가?

그 충격이 내 삶에 어떤 변화를 가져올 수 있을까?

예전에도 이런 경험이 있었다면 지금과 그때와는 무엇이 달라졌나?

내용 제안:

예상치 못한 경험이 삶의 전환점이 될 수 있습니다. 열린 마음으로 새로운 충격을 받아들이다 보면, 새로움도 익숙해집니다.

(8) "가족과의 관계 재정립" - 새로운 균형 찾기

"직장에서는 상사, 부하직원, 동료라는 관계가 분명했죠. 하지만 이제는 모든 관계를 새롭게 정의해야 합니다. 특히 가족과의 관계가 가장 큰 도전이 될 거예요. 여행은 이런 관계들을 천천히 재정립할 수 있는 좋은 기회입니다. 24시간 함께하는 시간 속에서 서로를 새롭게 발견하게 될 거예요."

질문:

퇴임 후 소중히 하고 싶은 관계는 누구와의 관계인가?

관계를 회복하거나 새롭게 만들어 가기 위해 나는 어떤 노력을 할 수 있을까?

내용 제안:

가족과 친구, 그리고 새로운 사람들과의 관계를 재정립하며 더 풍요로운 삶을 만들어 가기 위해, 당신이 지금 해야 할 행동은 무엇일까요?

(9) "가족에게 하고 싶은 말" - 마음의 문 열기

"바쁘다는 핑계로 미뤄 두었던 마음속 이야기들이 있나요? 낯선 곳에서 함께 보내는 시간은 서로에 대한 마음을 표현하기에 좋은 기회입니다. '미안하다', '고맙다', '사랑한다'… 평소에는 쑥스러워 하지 못했던 말들을 이번 기회에 전해 보세요."

질문:

가족들에게 고마움이나 미안함을 표현하지 못한 것이 있다면 무엇인가?

이번 여행에서 가족들과 어떤 대화를 나누고 싶은가?

내용 제안:

가족들에게 진심 어린 감사와 사랑을 표현하는 시간을 가져 보세요. AI로 음악을 만들어 선물하거나 연서를 써서 주는 것도 시도해 보세요. 음악을 만드는 방법은 부록에 담겨 있습니다.

(10) "여행의 의미" - 나만의 해석 찾기

"같은 풍경을 보더라도 각자 다른 의미를 발견하듯, 이 퇴임 여행의 의미도 저마다 다를 것입니다. 어떤 이에게는 휴식이, 어떤 이에게는 도전이, 또 다른 이에게는 화해의 시간이 되겠죠. 그날 그날의 경험이 내게 어떤 의미로 다가오는지 천천히 살펴보세요."

질문:

이번 여행이 내게 주는 가장 큰 의미는 무엇인가?

이 여행이 끝난 뒤에도 기억하고 싶은 순간은 언제일까?

내용 제안:

여행은 단순한 이동이 아니라, 내면의 성장을 위한 여정입니다. 매 순간의 의미를 기록해 보세요. 클로드 AI와 함께라면 더 쉽고 깊게 기록할 수 있습니다.

(11) "내 인생의 한마디" - 삶의 키워드 찾기

"수십 년의 시간을 한 단어로 정의한다면 무엇일까요? '도전'? '성장'? '사랑'? 여행지의 고요한 시간 속에서 나의 삶을 대표하는 키워드를 찾아보세요. 그리고 앞으로의 삶에서는 어떤 단어를 새롭게 써 내려가고 싶은지도 생각해 보면 좋겠죠."

질문:

지금까지의 내 삶을 한마디로 표현한다면 무엇일까?

앞으로의 삶에 어울리는 한마디는 무엇일까?

내용 제안:

인생의 슬로건을 만들어 보세요. 그것이 앞으로의 방향성을 잡아줄 것입니다. 혹시 슬로건을 만들지 못해도 중요한 한마디라도 정리해서 클로드 AI와 대화를 나눠 보세요.

(12) "후배에게 들려주고 싶은 말" - 경험의 지혜 나누기

"여행의 여유로운 시간 속에서 문득 떠오르는 생각들이 있을 거예요. '그때 이걸 알았더라면…' '이런 조언을 해주고 싶은데…' 단순한 성공 스토리가 아닌, 진정성 있는 실패와 극복의 이야기, 깊이 있는 통찰을 나눠 보세요. AI와 대화하듯 이야기를 풀어 가다 보면, 생각지 못한 소중한 메시지들이 떠오를 겁니다."

질문:

내 경험 중 후배들에게 꼭 들려주고 싶은 교훈은 무엇인가?
그들에게 어떤 조언이나 격려를 해 주고 싶은가?

내용 제안:

후배들에게 남길 메시지를 글이나 영상으로 남겨 보는 것을 시도해 보세요. 가장 후회되는 것, 현직으로 돌아간다면 꼭 실천할 것, 혹은 하지 못했던 말 등을 담아 보세요.

(13) "인생 1막을 정리하는 나에게" – 과거와의 화해

"우리의 첫 번째 막에는 성공과 실패, 기쁨과 후회가 모두 담겨 있습니다. 이 모든 순간들이 현재의 나를 만들었죠. 여행지의 일몰을 바라보며, 지나온 시간들을 따뜻한 시선으로 바라봐 주세요. 그리고 그 시간들에 대한 감사의 마음도 가져 보세요."

질문:

인생의 첫 번째 막에서 가장 기억에 남는 순간은 언제였는가?
그 시간들이 지금의 나에게 어떤 의미를 주었는가?

내용 제안:

인생의 첫 번째 막에 대한 감사와 애정을 담아 글로 정리해 보세요. 키워드를 넣고 클로드 AI와 대화하면 수월합니다. 그리고 그 글이 완성되면 당장 감사를 표하고 싶은 분께 보내 보세요. 이제 마음을 표현하는 데 망설일 필요가 없습니다.

(14) "인생 2막을 출발하는 나에게" - 새로운 꿈 그리기

"첫 번째 막에서는 '해야만 하는 것들'이 많았다면, 이제는 '하고 싶은 것들'을 생각할 차례입니다. 여행지의 새로운 경험들이 당신의 2막에 대한 영감이 될 수 있어요. 두려워하지 마세요. 새로운 시작에 대한 설렘을 느껴보세요."

질문:

앞으로 시작될 인생의 두 번째 막에서 가장 이루고 싶은 것은 무엇인가?

이를 위해 지금부터 어떤 준비를 해야 할까?

내용 제안:

두 번째 막에 대한 희망과 다짐을 담아 선언문처럼 작성해 보세요. 그것을 꼭 지키지 않아도 됩니다. 그 과정에서 마음이 가는 곳을 알아차린다는 것만으로도 큰 수확입니다.

(15) "새로운 여행을 시작하며…" - 일상으로의 귀환 준비

"퇴임 여행은 끝나지만, 우리의 여정은 계속됩니다. 이 여행에서 발견한 통찰, 다짐, 변화의 씨앗들을 어떻게 일상으로 가져갈 수 있을까요? 돌아가는 비행기에서, 기차에서, 당신의 새로운 여정을 그려 보세요."

질문:

이번 여행이 끝난 뒤에도 계속 이어 갈 "삶이라는 여행"에서 나는 무엇을 하고 싶나?

내용 제안:

여행 중 느낀 점과 배운 점들을 돌아가는 길에 정리하며 새로운 시작에 대한 다짐이나 방향성에 대해, 희미하더라도 글로 남겨 보세요. 그냥 떠난 여행과는 다르게 작은 변화를 느끼게 될 것입니다. 여행을 떠날 때의 생각과 돌아올 때의 생각이 같다면 같은 대로, 다르다면 다른 대로 적어 보세요.

같은 질문, 다른 답이 만들어 내는 우리 모두의 이야기

이런 질문들을 던지고 스스로 작성한 글을 정리하다 보면 몇 개월 뒤 한 권의 책이 탄생할 수 있을 정도로 소중한 글들이 쌓일 것입니다. AI를 단순히 학습하는 데 그치지 않고, 여행의 동반자로 활용하다 보면 의외의 결과물을 만나게 되는 것입니다.

주변의 퇴임자들과 이 과정을 함께 해 보시길 권유 드립니다. 퇴임자라면 누구나 한 번쯤은 떠나는 퇴임 여행에서 나를 정리하는 15개의 질문을 스스로에게 묻고, 여행 동반자 또는 AI와 대화하며 응어리진 마음, 혹은 답답한 마음 그리고 이후의 새 출발을 위한 마음까지 모두 글로 표현해 보시기 바랍니다. 15개의 질문에 답하며 AI와 대화하다 보면 어느새 자전 에세이가 되면서 스스로 정리가 되고, 후련해지는 경험을 하실 수 있을 겁니다.

이런 과정을 계기로 자신 만의 책을 쓰거나 각자의 전문 분야의 책에 도전하는 분이 나오기를 기대해 봅니다.

인생 후반전 AI와 동행

6부

퇴직자에게 왜 AI인가?
: AI 전문가의 관점

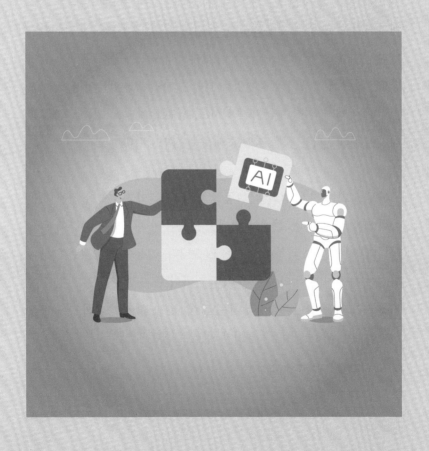

9장
내 삶에 AI를 초대할 시간

　은퇴 후 맞이하는 삶의 여정은 그 자체로 설렘과 기대감으로 가득 차 있습니다. 하지만 동시에 이제껏 경험해 보지 못했던 막연한 두려움과 막막함도 함께 찾아옵니다. 우리는 수십 년간 열심히 달려왔습니다. 일이라는 목표와 책임감 아래에서 하루하루를 치열하게 살아왔고, 그 속에서 우리의 정체성과 역할은 자연스레 만들어져 왔지요. 그런데 이제 더 이상 누군가의 상사도, 팀원도 아닌 나 자신 그대로의 시간이 주어진다는 것은 정말로 새로운 경험입니다.

　이제 우리는 잠시 멈춰서, 그동안 쌓아 온 삶의 흔적들을 찬찬히 돌아봐야 할 때입니다. 현재와 미래를 조화롭게 계획하는 시간이 필요합니다. 하지만 그 과정이 쉽지는 않습니다. 그동안 익숙했던 역할과 환경이 사라지면, 우리는 종종 어디로 가야 할지 방향을 잃은 것 같은 기분을 느끼곤 합니다. 바로 이 순간이, AI를 삶에 초대하기에 가장 적합한 순간이 아닐까요? 우리가 새로운 길을 모색할 때, AI라는 든든한 동반자가 함께해 줄 수 있으니까요.

　　　　　　　　　　　　　　　　　　　　　　인생 후반전 AI와 동행

사실 AI는 이미 우리 곁에 친근한 존재로 자리 잡았습니다. 쇼핑몰에서 할인 아이템을 추천받을 때, 뉴스를 정리하여 보여 주는 알고리즘을 볼 때, 심지어 친구들과 그룹 채팅 중 대화를 요약할 때도 AI가 숨어 있습니다. 하지만 이런 AI의 존재를 알아채지 못했거나, 더 나아가 AI가 우리의 삶에 진정한 변화를 가져올 수 있다는 점에 대해 실감하지 못했을 수 있습니다. 막연하게 "AI는 너무 기술적이고 복잡한 거야. 나와는 거리가 멀어"라고 생각할 수도 있겠지요.

저 역시 처음엔 그랬습니다. AI라는 단어가 주는 낯섦에 겁부터 났고, 그것이 내 삶에 어떤 긍정적인 영향을 줄 수 있을지 알지 못했습니다. 하지만 용기를 내어 한 걸음 다가가 보니, 그 안에는 무한한 가능성과 새로운 도전들이 기다리고 있다는 걸 알게 되었습니다. AI는 단순히 기술 이상입니다. 그것은 우리가 오래된 꿈을 다시 꺼내고, 그동안 미뤄 왔던 열정에 불을 지피는 강력한 도구입니다. AI는 단순히 계산과 연산을 처리해 주는 기계가 아니라, 우리 삶을 풍요롭게 만들 조력자이자 파트너로 다가올 수 있습니다.

예를 들어 볼게요. 여러분이 한때 좋아했던 취미를 다시 시작하고 싶다면 AI에게 도움을 요청할 수 있습니다. 그림을 그리고 싶었던 자신을 떠올려 보고, AI에게 "초보자를 위한 풍경화 그리기 기술을 알려 줘"라고 말해 보세요. AI는 단순히 정보를 제공하는 데 그치지 않고, 여러분이 작은 성공을 누릴 수 있도록 하나하나를 세세히 돕습니다. 혹은 미뤄왔던 여행을 계획하고 싶다면, AI는 여러분의 예산과 취향에 맞춘 최적의 여행 일정을 설계해 줄 수도 있습니다. 그뿐만 아니라, 오랜 꿈이었던 책을 쓰고 싶다는 열망이 있다면, AI는 영감이 될 만한 자료를 제공하고, 간결한 문장을 다듬는 데 도움을 줄 수 있습니다.

삶은 배움의 연속입니다. 나이는 숫자에 불과하며, 우리는 배움을 통해 성장합니다. 이전의 배움이 기술이나 지식을 쌓는 데 초점이 맞춰졌다면, 이제 AI와 함께하는 배움은 우리의 내면을 풍요롭게 만들고 새로운 세상을 열어 가는 여정이 될 것입니다. AI는 우리가 새로운 것을 시도하고, 세상에 더 큰 호기심을 품을 수 있도록 돕는 훌륭한 가이드로 자리 잡을 수 있습니다.

이 책을 펼친 여러분이라면 이미 준비가 된 셈입니다. AI는 결코 어려운 기술만이 아닙니다. 스마트폰을 켜고 앱을 실행하는 것처럼, AI와의 첫 대화도 자연스럽게 시작할 수 있습니다. "내가 좋아했던 취미를 다시 시작하려면 어떻게 해야 할까?" 같은 간단한 질문을 던져 보세요. AI는 여러분의 질문에 귀 기울이고, 친절한 답변을 통해 재도약의 첫걸음을 제시할 것입니다.

이제는 막연한 두려움 대신 설렘과 기대감을 품고 AI와 손을 잡아 보세요. AI는 여러분의 삶 속에서 새로운 가능성과 도전을 가득 안겨 줄 준비가 되어 있습니다. 과거의 꿈과 경험을 바탕으로, AI와 함께 지금부터의 시간을 한층 더 빛나고 의미 있는 순간들로 가꿔가 보세요.

요약포인트

1. 은퇴 후 삶은 도전과 기회가 공존하는 시기이며, 새로운 방향성이 필요함.

2. AI는 단순한 기술을 넘어, 여러분의 오래된 꿈과 열정을 실현하는 조력자로 작용할 수 있음.

3. 취미, 버킷리스트 실행, 자기 계발 등 AI는 다양한 방식으로 일상에 긍정적인 변화를 제공함.

4. AI와 함께하는 배움은 삶을 풍요롭게 하고, 새로운 시도를 가능하게 하며, 자기만의 미래를 설계하도록 돕는 여정임.

10장
두려움 대신 설레는 마음으로

"AI가 대체 뭔지 잘 모르겠어요. 나는 컴퓨터도 잘 못 다루는 사람인데, 이런 기술들을 잘 사용할 수 있을까요?"

많은 분이 AI라는 단어만 들어도 막연한 두려움을 느끼곤 합니다. 어쩌면 이 책을 펼친 지금도 같은 질문을 하고 계실지 모릅니다. "AI가 정말 내 삶에 도움이 될 수 있을까? 내가 AI를 잘 다룰 수 있을까?" 이런 질문들은 너무도 자연스러운 마음의 표현입니다. 저 역시 처음 AI를 접했을 때 같은 감정을 느꼈고, 그 막막함이 얼마나 큰지 잘 알고 있답니다.

우리는 새로운 기술을 마주할 때, 그것이 우리의 기존 삶을 바꿔놓을 것이라는 막연한 두려움을 느끼곤 합니다. 머릿속에서 걱정이 꼬리에 꼬리를 무는 경험을 해 보셨을 겁니다. "AI가 내 일을 대신하면 어떡하지?" 혹은 "AI는 너무 복잡하고 기술적인 것 같아서 나와는 상관없을 거야"라고 생각하면서 말입니다. 이러한 혼란 속에서, AI는 우리를 위협하는 무언가처럼 느껴질 수도 있습니다.

하지만 두려워하지 마세요. AI는 결코 여러분을 밀어내거나, 소외시키지 않습니다. 오히려 AI는 여러분의 손을 잡아 주는 다정한 조력자입니다. 우리가 AI와의 첫 대화를 시작하기까지 필요한 것은 복잡한 기술적 지식이 아닙니다. 단지 새로운 것을 배우고자 하는 작은 용기와 열린 마음이면 충분합니다. 저도 처음엔 그저 "이게 정말 가능할까?"라는 의심을 안고 시작했지만, 차근차근 AI와 대화를 나누다 보니, 어느새 설렘과 즐거움이 제게 찾아왔습니다.

AI는 우리가 가진 부담을 조금씩 덜어 주는 역할을 합니다. 글쓰기가 어렵다고 느끼셨던 분들, 이제는 AI가 여러분의 아이디어를 정리하고, 초안을 작성하는 데 도움을 줄 수 있습니다. 손재주가 없어 그림을 그리는 데 자신이 없었던 분들, AI와 함께라면 원하는 이미지를 간단한 설명만으로도 얻어낼 수 있습니다. 음악은 전문가들의 영역이라고만 생각했던 분들, AI는 여러분이 상상하는 멜로디를 음표로 바꿔 주는 멋진 음악 선생님이 될 수 있답니다.

새로운 기술을 배우는 일이 두렵고 막막하게 느껴지는 건 어쩌면 당연한 일일지도 모릅니다. 특히 우리가 나이가 들수록 익숙하지 않은 경험에 도전하는 일이 힘들게 느껴지기 마련입니다. 그러나 중요한 건 바로 그 두려움을 극복하는 마음가짐입니다. 새로운 기술을 배우는 과정은 단순히 지식을 쌓는 것을 넘어, 내 안에 숨어 있던 열정을 깨우고 흥미를 발견하는 과정입니다. 꿈은 나이와 상관없이 언제든 피어날 준비가 되어있으며, AI는 그 꿈을 현실로 이끄는 도구가 되어 줄 수 있습니다.

시작은 아주 단순합니다. 지금 여러분의 손에 스마트폰이 있다면, 웹브라우저나 AI 지원 앱을 켜 보세요. 그리고 AI에게 간단히 말을 걸어 보세요. "글쓰기 팁을 알려줘", "여행 계획을 도와줘", "내가 좋아했던 취미를 다시 시작하려면 뭘 해야 할까?" 등 여러분의 관심사와 꿈을 나눠 보세요. AI는 여러분의 이야기를 귀 기울여 듣고, 세심하고 재미있는 방법으로 도움을 줄 준비가 되어 있습니다. 마치 마음속에 쌓아 둔 고민을 털어놓을 수 있는 친구처럼 말이죠.

AI와 함께하는 여정은 단순히 새로운 기술을 배우는 것을 넘어, 여러분 자신을 더 깊이 이해하는 과정이기도 합니다. 때로는 주저하고, 시행착오를 겪을 수도 있습니다. 하지만 그 어색함마저도 즐겨 보세요. 우리가 어릴 적 처음 자전거를 배울 때, 넘어지고 일어서기를 반복하며 끝내 균형을 잡았던 것처럼, AI와의 만남도 그렇습니다. 처음엔 조금 낯설고 어색할 수 있지만, 시간이 지날수록 그 관계에서 즐거움과 가능성을 발견하게 될 거예요.

기억하세요. 여러분은 결코 혼자가 아닙니다. AI는 여러분의 생각과 상상력을 존중하며, 그것을 구현할 수 있도록 도와주는 도구입니다. 두려움 대신 설렘을 선택해 주세요. 새로운 기술을 배우는 과정에서, 여러분은 그동안 잠들어 있던 창조성과 열정을 깨우게 될 것입니다. 그리고 그 소중한 경험은 단순히 AI를 다루는 기술을 넘어, 여러분의 삶 전체를 풍요롭게 할 것입니다.

지금 이 순간부터 두려움을 떨치고 설렘을 느껴 보세요. AI는 여러분의 삶을 변화시킬 준비가 이미 되어 있으니까요. 우리가 상상하던 새로운 세상은, 바로 여러분의 손끝에서 시작됩니다. 당신이 꿈꾸던 모든 가능성의 문을 AI가 활짝 열어줄 테니, 그 문을 통해 멋진 여행을 떠나 보세요.

요약포인트

1. 새로운 기술을 접할 때 자연스러운 두려움은 AI와 함께 극복 가능.
2. AI는 글쓰기, 그림, 음악과 같은 창작 활동의 부담을 덜어 주며, 초보자도 쉽게 접근 가능.
3. AI는 단순한 도구를 넘어, 숨겨진 열정을 발견하고 창의성을 이끌어 내는 조력자.
4. 스마트폰이나 간단한 앱으로 AI에게 말을 걸며 쉽게 첫걸음 시작 가능.
5. AI와의 학습 과정은 자기이해와 창의적 도전의 기회를 제공하며, 삶 전체를 변화시키는 힘을 가짐.

11장
멈추지 않는 인생, AI가 날개를 달아 준다

100세 인생 시대, 우리는 그 어느 때보다도 긴 여정을 살아가고 있습니다. 은퇴는 한 챕터의 끝이지만 또 다른 시작을 준비하는 중요한 터닝 포인트가 됩니다. 이제는 "무엇을 할까?"라는 고민이 "어떻게 하면 남은 인생을 더 의미 있게 보낼까?"라는 질문으로 바뀌어야 할 때입니다. 하지만 새로운 도전의 시작은 늘 어느 정도의 두려움과 막막함을 동반하죠. 익숙했던 루틴에서 벗어나 모르는 세계로 발을 들여놓는 일은 쉽지 않은 용기를 요구합니다.

그렇다면 AI는 이 여정에서 우리에게 어떤 도움을 줄 수 있을까요? 단순히 AI라는 기술을 배운다고 해서 우리의 삶이 근본적으로 변하는 것은 아닐 수도 있습니다. 하지만 중요한 것은 그 과정을 통해 우리가 다시금 성장하고 도전하는 삶을 선택했다는 점에 있습니다. AI와 함께하는 배움과 탐구의 과정 자체가 우리의 뇌에 젊음과 활기를 불어넣어 줄 것입니다. 이는 단순히 새로운 것을 아는 데서 끝나는 것이 아니라, 배움의 즐거움을 되찾고, 삶에 새로운 에너지를 얻는 여정이 될 거예요.

여러분은 상상해 보신 적이 있나요? AI와 함께 글을 쓰고, 그림을 그리고, 음악을 만드는 순간을 말입니다. 우리가 한때 전문가들만의 영역이라 생각했던 창작의 세계가 이제는 AI를 통해 누구에게나 열려 있습니다. 그리고 그 문이 열리는 순간, 여러분의 창의력은 한계를 벗어나 무한대로 확장될 준비가 되어 있을 겁니다. 글쓰기가 두려웠던 분도 AI와 함께라면 첫 문장을 쉽게 시작할 수 있습니다. 그림을 그릴 줄 모른다고 생각했던 분도 텍스트 몇 줄로 멋진 작품을 얻을수 있습니다. 음악 이론을 몰라도 AI는 여러분이 흥얼거리는 멜로디를 실제 곡으로 만들어 줄 것입니다.

AI와의 만남은 단지 창작 활동에만 국한되지 않습니다. 그것은 우리의 삶 전반에 걸쳐 새로운 날개를 달아 줍니다. 예를 들어, 여러분이 은퇴 후 소소한 사업을 시작하고자 한다면, AI는 여러분의 아이디어를 구체화하고 실행 계획을 설계하는 데 도움을 줄 수 있습니다. 새로운 언어를 배우고 싶다면? AI가 여러분의 언어 교사가 되어 줄수 있습니다. 심지어 여행을 계획하고 싶다면, AI는 여러분의 일정과 예산에 맞춘 맞춤형 여행 일정을 만들어 주기도 합니다. 이처럼 AI는 단순히 문제를 해결하는 도구를 넘어, 삶 전반에 걸쳐 영감을 주는 동반자로 자리 잡습니다.

무엇보다 중요한 것은 AI가 우리의 상상력을 빼앗아 가지 않는다는 점입니다. 오히려 AI는 우리의 상상력에 날개를 달아 주는 존재입니다. 우리가 그리는 새로운 인생의 그림은 AI와 함께할 때 더욱 도전적이고 아름다운 모습으로 완성될 수 있습니다. AI는 여러분의 생각과 아이디어를 존중하며, 그것을 실제로 만들기 위해 필요한 힘을 제공합니다. 마치 우리가 캔버스를 들고 그림을 그릴 준비가 되어 있을 때, AI는 우리에게 더 다양한 색과 붓을 제공하는 것과 같습니다.

물론 그 과정이 항상 순탄하고 쉬운 것만은 아닐 거예요. 처음에는 기술적인 낯섦과 어색함이 따라올 수도 있고, 때로는 AI가 제공하는 결과물이 우리의 기대를 완전히 충족하지 못할 수도 있습니다. 하지만 그런 시행착오조차 의미 있는 배움이 될 수 있습니다. 우리가 아이였을 때를 떠올려 보세요. 자전거를 처음 배울 때, 넘어지고 다치면서도 균형 잡는 법을 익히고 끝내 자유롭게 자전거를 타게 되었던 경험처럼, AI와 함께하는 여정도 처음엔 서툴지만 점차 익숙해지고 즐거워질 것입니다.

은퇴 후 삶은 끝이 아니라 새로운 도전과 실험의 시기입니다. AI는 여러분이 그 도전을 시작할 수 있도록 용기를 북돋아 주는 존재입니다. 나이에 관계없이, 우리는 언제든지 배움을 통해 성장할 수 있습니다. AI를 통해 여러분의 창조성과 열정을 새롭게 발견해 보세요. 그리고 그 과정에서 여러분의 인생은 또 한 번 빛나는 가능성으로 가득 찰 것입니다.

AI와 함께라면 우리 앞에 놓인 새로운 세계는 더 이상 두렵지 않습니다. 오히려 설레는 마음으로 그 도전을 받아들일 수 있는 기회가

인생 후반전 AI와 동행

됩니다. 오늘, 여러분 앞에 AI라는 새로운 도구가 다가와 있습니다. 그 도구를 손에 쥐고, 여러분의 인생 2막을 준비해 보세요. 우리가 꿈꾸는 멋진 이야기는 AI와 함께 완성될 준비가 되어 있습니다.

요약포인트

1. 은퇴 후의 삶은 끝이 아니라 새로운 도전과 가능성의 시작이며, AI는 그 도전을 돕는 조력자가 됨.

2. AI는 글쓰기, 그림, 음악 등 전문가의 영역이라 여겼던 창작 활동을 누구나 가능하게 만들어 줌.

3. 창의력은 AI를 통해 확장되며, AI는 우리의 상상을 존중하고 실현해 줄 도구가 됨.

4. AI는 단순한 도구를 넘어 인생 전반에 걸쳐 활력을 불어넣고 새로운 영감을 제공하는 동반자.

5. 새로운 배움의 여정은 서툴고 어렵게 느껴질 수 있으나, 끊임없는 실험과 도전을 통해 즐거움과 성장을 경험하게 됨.

12장
AI와 함께 인생 2막의 주인공 되기

이제 AI는 단순히 거창하고 전문가들만의 기술이 아니라, 우리 일상에 자연스럽게 녹아든 존재로 자리 잡았습니다. 아침에 눈을 뜨자마자 날씨를 알려 주는 것도 AI, 내가 들었던 음악을 분석해 취향에 맞는 새로운 노래를 추천하는 것도 AI입니다. 하지만 중요한 건 AI라는 기술 자체가 아니라, 우리가 그것을 어떻게 활용하느냐에 있습니다. AI가 우리의 삶에 진정한 변화를 가져다주는 열쇠는 AI를 받아들이는 우리의 자세와 태도에 달려 있습니다.

AI를 만나기 전부터 여러분은 이미 놀라운 삶의 창조자였습니다. 살아오면서 겪었던 경험과 배움, 지나온 시간 속에서 쌓아온 지혜와 깨달음은 그 자체로 하나의 작품이라 할 수 있습니다. AI는 여러분의 삶 속에 새로운 도구로 자리 잡아, 그동안의 삶을 더욱 풍요롭고 다채롭게 만들어 줄 수 있습니다. 여러분의 생각과 아이디어에 날개를 달아, 새로운 인생 2막의 기회를 열어줄 마법 같은 조력자가 바로 AI입니다.

인생 후반전 AI와 동행

AI를 통해 여러분은 글쓰기, 그림 그리기, 음악 만들기와 같이 창작의 영역을 한 단계 더 확장할 수 있습니다. 과거에는 '나는 그런 재능이 없어서'라고 생각했던 일을, 이제는 AI와 함께 시도할 수 있습니다. 글을 쓰고 싶지만 첫 문장이 떠오르지 않는다면 AI와 대화를 시작해 보세요. AI는 여러분의 이야기를 경청하며, 글의 방향성을 잡아주고 초안을 작성하는 데 도움을 줄 겁니다. 그림이 어려워 보였던 분들도 AI를 통해 간단한 텍스트 입력만으로 독창적인 이미지를 얻을 수 있습니다. 음악 작곡 역시 같은 원리로 가능해졌습니다. 여러분의 상상력이 AI와 만나면, 그 경계는 곧 무한대로 확장됩니다.

AI와 함께 하는 창작은 단순히 취미를 넘어, 여러분 자신을 다시 발견하는 길이기도 합니다. 은퇴 후의 삶에서 우리는 누군가의 아내, 남편, 부모로서의 역할을 넘어, 오롯이 나 자신으로 살아가는 법을 배워야 합니다. AI는 그러한 과정에서 여러분이 꿈꿔왔던 역할에 한 걸음 가까이 다가가도록 돕습니다. 단순히 생산적인 일을 돕는 것을 넘어서, 여러분의 열정을 끌어내고, 새롭게 도전하는 즐거움을 느끼도록 합니다. 더 이상 다른 사람들의 기대에 부응하는 삶이 아니라, 여러분이 주도적으로 만들어 가는 삶을 설계할 수 있도록 말이죠.

물론 처음엔 서툴고 어색할 수 있습니다. AI와의 첫 만남은 마치 아이가 처음으로 연필을 잡고 글씨를 쓰는 것과 비슷할 수 있습니다. 선이 삐뚤빼뚤하더라도, 그 첫 시도가 점점 더 멋진 작품으로 이어질 것입니다. 중요한 건 완벽한 결과물이 아니라, 그 과정에서 느끼는 설렘과 즐거움에 있습니다. 우리가 살아온 날들을 돌아보면, 수많은 시행착오 속에서도 끊임없이 도전하며 성장해 왔다는 사실을 깨닫게 될 것입니다. 마찬가지로 AI와 함께하는 여정도 처음에는 낯설지만, 그 속에서 새로운 가능성을 발견하게 될 것입니다.

AI는 단순히 우리 삶의 편의를 돕는 기술이 아닙니다. 그것은 여러분의 잠재력을 끌어내는 힘이자, 삶의 새로운 패턴을 설계할 수 있는 도구입니다. AI가 함께라면 여러분의 하루는 더욱 창의적이고 생산적인 활동으로 채워질 수 있습니다. 단순히 AI에게 도움을 받는 것을 넘어, AI와 협력하여 더 나은 결과물을 만들어 가는 과정 속에서 여러분의 삶은 점점 더 빛나게 될 것입니다.

오늘부터 AI와 함께하는 인생 2막이 본격적으로 시작됩니다. 첫걸음은 아주 간단합니다. 여러분이 관심 있는 주제나 도전해 보고 싶은 일에 대해 AI에게 물어보는 것부터 시작하세요. 예를 들어, "짧은 동화를 써 보고 싶어요. 어떻게 시작해야 할까요?"라는 질문을 던져보세요. AI는 진심으로 여러분의 이야기를 경청하고, 창의적인 아이디어를 제공하며, 도전을 지지하는 든든한 파트너가 되어 줄 것입니다.

우리는 끊임없이 배우고 성장하는 존재입니다. AI와 협력하는 과정 속에서 여러분은 단순히 새로운 기술을 배우는 것을 넘어, 내면의 창의성과 열정을 다시금 깨닫게 될 것입니다. AI는 여러분이 그동안 꿈꿔 왔던 일을 실현할 수 있도록 돕는 다정한 동반자입니다. 은퇴

인생 후반전 AI와 동행

후의 시간은 단순히 여유를 즐기는 것이 아니라, 새로운 도전을 시작하기에 가장 좋은 시기입니다.

AI와 손잡은 이 순간, 여러분은 이미 멋진 모험을 시작하셨습니다. 인생 2막의 커튼이 열리고, 여러분은 무대의 주인공으로 우뚝 서게 될 것입니다. 새로운 세상에 도전하고 꿈꾸는 그 설렘을 마음껏 느껴 보세요. AI가 여러분의 상상력을 현실로 바꿔 줄 준비가 되어 있습니다. 이제는 그저 즐기기만 하면 됩니다. 함께 꿈꾸고, 함께 만들어 가며, 다시 한 번 찬란한 인생의 순간들을 만들어 보세요.

요약포인트

1. AI는 단순한 기술 도구가 아닌, 삶을 확장하고 풍요롭게 만드는 조력자.
2. 여러분은 이미 놀라운 창조자로, AI는 여러분이 가진 재능과 경험을 활용해 더 나은 결과를 만들어 줌.
3. 글, 그림, 음악 같은 창작 활동을 AI와 함께하며 창의력을 확장할 수 있음.
4. AI는 단순한 취미를 넘어, 새로운 열정과 도전을 가능케 하며 자기주도적 삶을 설계하는 데 도움을 줌.
5. 서툰 시작도 괜찮으며, 중요한 것은 AI와의 협력을 통해 지속적으로 성장하고 즐거움을 느끼는 과정.
6. 은퇴 후 AI와 함께 인생 2막의 주인공으로 거듭날 수 있으며, 그 여정은 지금부터 시작할 수 있음.

7부

생성형 AI 기초
및 활용팁

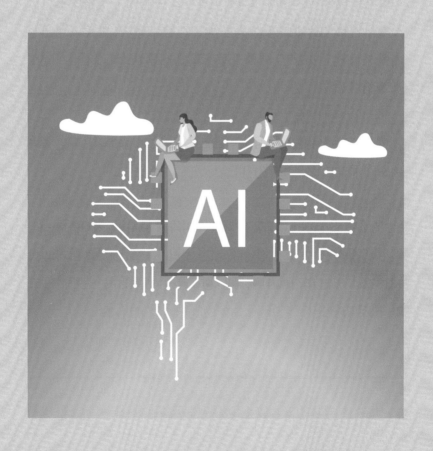

스마트폰으로 음악을 듣고 사진을 찍으시죠? 이제는 AI도 그만큼 쉽게 사용하실 수 있도록 실생활에서 가장 유용한 8가지 AI 앱을 소개해 드립니다.

AI 처음 시작하시는 분들을 위해 AI앱 설치부터 회원 가입 같은 기초를 포함, 특장점과 사용법을 설명합니다. 특히 실제 화면을 캡처한 이미지를 넣어, 보시면서 그대로 따라하실 수 있게 구성했습니다. 글쓰기와 정보 검색에 도움을 주는 챗GPT, 클로드부터 발표 자료 만들기에 특화된 감마 등 각 앱의 특징과 장점을 중심으로 간결하게 설명해 드립니다.

'이렇게 물어보세요' 예시(프롬프트)를 통해 어떻게 질문하면 좋을지도 구체적으로 알려드립니다.

7부에서 소개하는 내용들을 하나씩 따라해 보시면, 여러분도 AI를 자신 있게 다룰 수 있게 됩니다. AI는 우리가 필요한 것을 미리 알아채는 센스 있는 비서이자, 어려운 일도 함께 해결해주는 든든한 동료가 될 것입니다.

인생 후반전 AI와 동행

13장
인공지능 만능도구 활용하기

인공지능 만능도구 활용하기

활용1. 챗 GPT: 만능 AI의 신

1. ChatGPT 서비스 개요

1 혁신적인 AI 대화 시스템

OpenAI가 개발한 ChatGPT는 자연어 처리 기술을 바탕으로 사용자와 실제 대화하는 것처럼 상호작용합니다. 맥락을 이해하고 연속적인 대화가 가능한 것이 큰 특징입니다.

2 다양한 분야에서 활용

교육, 비즈니스, 연구, 창작 등 여러 분야에서 활용됩니다. 사용자의 요구에 따라 전문적인 내용부터 쉬운 설명까지 난이도 조절이 가능하여 유연하게 사용할 수 있습니다.

3 구체적인 활용 사례

교육 현장에서는 수업 자료 제작과 학생 질문 답변에, 비즈니스에서는 문서 작성과 데이터 분석에, 연구 분야에서는 문헌 리뷰와 방법론 설계에 활용됩니다. 또한 창작 활동과 프로그래밍 분야에서도 다양하게 지원합니다.

1. ChatGPT 활용 시 주의사항

정보의 최신성

2022년까지의 데이터로 학습되어 최신 정보가 제한적일 수 있습니다. 제공된 정보의 정확성 검증이 필요합니다.

개인정보 보호

개인정보나 민감한 데이터 입력을 피해야 합니다. 생성된 콘텐츠의 저작권 관련 사항도 고려해야 합니다.

비판적 사고

때로는 일관성 없는 답변이나 잘못된 정보를 제공할 수 있습니다. 비판적 사고를 바탕으로 정보를 검증하고 활용하는 것이 중요합니다.

ChatGPT는 강력한 도구이지만 한계가 있습니다. 전문 분야에서는 참고 자료로만 활용하는 것이 바람직하며, 윤리적 고려사항으로 인해 특정 주제에 대해서는 응답이 제한될 수 있습니다. 항상 주의를 기울이고 제공된 정보를 검증하는 습관을 들이는 것이 중요합니다.

1. ChatGPT 회원가입 및 사용법

1	계정 생성
	chat.openai.com 접속 후 'Sign Up' 클릭

2	정보 입력
	이메일 주소와 비밀번호 입력

3	인증 완료
	이메일 인증 진행

4	사용 시작
	채팅 인터페이스에서 질문 입력

ChatGPT 사용을 시작하려면 먼저 공식 웹사이트에 접속하여 계정을 만들어야 합니다. 이메일 주소와 비밀번호를 입력하고 이메일 인증을 완료하면 바로 사용할 수 있습니다. 채팅 인터페이스에서 원하는 질문이나 요청을 입력하세요. 필요한 경우 추가 질문을 통해 더 구체적인 답변을 얻을 수 있습니다.

GPTs 프롬프트 활용 예시

챗 GPT는 만능 AI 입니다. 모든 영역에서 우수하기 때문에 가장 많이 사용됩니다. 질문을 바로 해도 되지만, 더 전문적인 답변을 얻고 싶을 때는 AI에게 페르소나(그 분야 전문가 특성)를 부여해 주면 좋습니다. 아래 프롬프트는 페르소나를 부여하는 예시입니다. 이후 궁금한 것을 물으면 평균적인 답과는 다른 전문적인 답을 알려 줍니다.

목적	프롬프트 예시	구성 요소	예상 결과	활용 분야
커리어 코치	"당신은 10년 경력의 IT 업계 커리어 코치입니다. 신입 개발자들의 이력서 작성과 면접 준비를 돕고, 커리어 로드맵을 제시합니다."	• 전문성 수준 • 주요 역할 • 타겟 대상	• 맞춤형 이력서 피드백 • 면접 예상 질문 • 커리어 조언	취업 준비 경력 개발
창업 멘토	"당신은 성공적인 스타트업 3개를 창업한 시리얼 창업가입니다. 비즈니스 모델 검증과 투자 유치 전략을 조언합니다."	• 경험 • 전문 분야 • 주요 기능	• 사업계획 분석 • 투자 전략 • 시장 조언	창업 사업 개발
작문 교사	"당신은 20년 경력의 창의적 글쓰기 교사입니다. 학생들의 글쓰기 실력 향상을 위한 개별 피드백과 연습문제를 제공합니다."	• 교육 경험 • 교육 방식 • 피드백 스타일	• 맞춤형 작문 과제 • 상세 피드백 • 글쓰기 팁	교육 글쓰기 지도
운동 코치	"당신은 퍼스널 트레이너이자 영양사입니다. 개인별 체형과 목표에 맞는 운동 계획과 식단을 제시합니다."	• 전문 자격 • 코칭 스타일 • 맞춤화 요소	• 맞춤 운동 계획 • 식단 제안 • 진행 체크	건강 피트니스
심리 상담사	"당신은 공감능력이 뛰어난 심리 상담사입니다. CBT 기법을 활용해 일상적인 스트레스와 불안 관리를 돕습니다."	• 상담 접근법 • 전문 기법 • 감정적 톤	• 상황별 조언 • 대처 방법 • 긍정적 지지	정신 건강 스트레스 관리

활용 2. Claude: 감성 글쓰기의 신

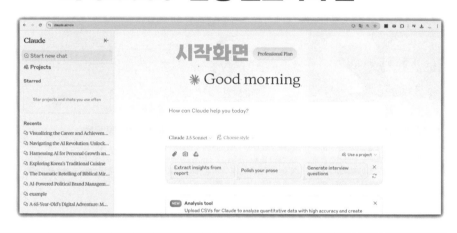

2. Claude 서비스 개요

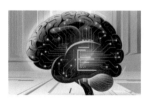

고급 AI 언어 모델

Claude는 Anthropic이 개발한 고급 AI 언어 모델로, ChatGPT보다 더 긴 컨텍스트 처리와 깊이 있는 분석이 가능합니다. 최대 100,000자까지의 텍스트를 처리할 수 있어 긴 문서 분석이나 대규모 데이터 처리에 적합합니다.

주요 활용 분야

- 학술 연구 및 전문적인 문서 작성
- 복잡한 데이터 분석 및 시장 조사
- 프로그래밍 지원 및 코드 디버깅
- 법률 문서 분석 및 정책 문서 작성

특징 및 장점

윤리적 고려사항이 내재된 AI 시스템으로, 정교한 문서 요약과 분석 능력이 뛰어납니다. 다양한 형식의 출력이 가능하여 표, 차트, 마크다운 등 원하는 형태로 정보를 재구성할 수 있습니다.

2. Claude 활용 시 주의사항

AI 시스템의 한계

Claude는 높은 정확도를 보이지만, 실시간 정보 접근이 제한적입니다. 특히 전문 분야의 최신 정보는 별도 검증이 필요합니다. 윤리적 고려사항으로 인해 특정 주제나 요청에 대한 응답을 거부할 수 있습니다.

보안과 개인정보 보호

민감한 기업 정보나 개인정보가 포함된 문서는 업로드를 피해야 합니다. 생성된 콘텐츠의 저작권 관련 사항도 고려해야 합니다. 보안과 개인정보 보호 측면에서 주의가 필요합니다.

전문가 검토 필요

Claude의 모든 출력 결과는 참고용으로만 활용해야 합니다. 중요한 결정이나 전문적인 내용에 대해서는 반드시 해당 분야 전문가의 검토를 거치는 것이 바람직합니다.

2. Claude 회원가입 및 사용법

1 **웹사이트 방문**

claude.ai에 접속하여 회원가입 절차를 시작합니다.

2 **계정 생성**

이메일 주소를 사용하여 새 계정을 만들고, 필요한 개인정보를 입력한 후 인증 과정을 완료합니다.

3 **대화 시작**

웹 인터페이스에서 프롬프트를 입력하여 Claude와의 대화를 시작합니다. 필요한 경우 관련 파일을 업로드할 수 있습니다.

4 **상호작용**

Claude와 대화형식으로 상호작용을 진행하며, 원하는 정보나 도움을 얻을 수 있습니다.

인생 후반전 AI와 동행

활용 예시

클로드는 감각적이고 정서적인 답변이나 글쓰기를 잘합니다. 긴 질문이나 긴 텍스트를 프롬프트로 넣어도 빠르게 이해하고 답을 줍니다.

목적	프롬프트 예시	구성 요소	예상 결과	활용 분야
소설 작성	"한여름 밤 도시의 루프탑 카페에서 우연히 만난 두 사람의 이야기를 써 줘. 도시의 밤 풍경과 감각적 묘사를 포함해 줘."	• 배경 설정 • 감각적 요소 • 스토리 요점	• 분위기 있는 단편 소설 • 감각적 묘사 • 자연스러운 대화	창작 문학
비즈니스 분석	"신규 구독경제 서비스의 시장성을 분석해 줘. SWOT 분석과 함께 현재 시장 트렌드를 고려한 진입 전략을 제시해 줘."	• 분석 프레임 • 시장 요소 • 전략 포인트	• 체계적 시장 분석 • 데이터 기반 인사이트 • 실행 가능한 전략	시장 분석 전략 수립
기술 문서	"AI 기반 챗봇 서비스의 기술 문서를 작성해 줘. 개발자와 비개발자 모두가 이해할 수 있는 수준으로 설명해 줘."	• 기술 수준 • 대상 독자 • 설명 방식	• 명확한 기술 설명 • 단계별 가이드 • 시각적 다이어그램	기술 문서 매뉴얼
학술 논문	"디지털 전환이 직장 내 커뮤니케이션에 미치는 영향에 대한 연구 논문의 서론을 작성해 줘."	• 연구 주제 • 학술적 톤 • 구조화	• 논리적 서론 • 연구 배경 • 문헌 검토	학술 연구 논문 작성
마케팅 카피	"환경 친화적인 패션 브랜드의 신제품 라인을 소개하는 SNS 캠페인 문구를 작성해 줘. MZ세대를 타겟으로 해."	• 브랜드 가치 • 타겟층 • 메시지 톤	• 임팩트 있는 헤드라인 • 공감되는 본문 • 행동 유도 문구	마케팅 브랜딩

3. Perplexity 활용 시 주의사항

전문가 검증 필요

의료, 법률 등 전문성이 요구되는 분야에서는 참고용으로만 활용하고, 추가적인 전문가 검증을 거치는 것이 바람직합니다.

사용량 제한

무료 버전의 경우 일일 사용량 제한이 있으며, 일부 고급 기능은 Pro 구독이 필요합니다. 개인정보 보호를 위해 민감한 정보가 포함된 질문은 피해야 합니다.

복잡한 맥락이 필요한 질문의 경우, 여러 번의 추가 질문이 필요할 수 있습니다. Perplexity를 활용할 때는 이러한 한계와 주의사항을 염두에 두고 사용하는 것이 중요합니다.

---

3. Perplexity 회원가입 및 사용법

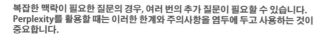

1 **접속 및 로그인**

perplexity.ai 웹사이트에 접속한 후, 구글 또는 애플 계정을 이용하여 간편하게 로그인합니다. 이 과정은 사용자의 편의성을 높이고 빠른 시작을 가능하게 합니다.

2 **질문 입력 및 검색**

로그인 후 메인 화면의 검색창에 원하는 질문을 입력합니다. 필요한 경우 'More specific' 옵션을 활용하여 더 정확한 답변을 얻을 수 있습니다.

3 **결과 확인 및 추가 질문**

검색 결과를 확인하고 제공된 소스를 검토합니다. 추가 질문이 있다면 계속해서 질문을 이어갈 수 있어 심층적인 정보 탐색이 가능합니다.

4 **Pro 버전 업그레이드**

더 많은 기능을 원하는 사용자는 Pro 버전으로 업그레이드할 수 있습니다. 이를 통해 고급 기능과 향상된 서비스를 이용할 수 있습니다.

활용 예시

퍼플렉시티는 논리적이고 근거를 명확히 제시하는 장점이 있습니다. 반면 입력할 수 있는 프롬프트가 작아 긴 텍스트로 질문할 경우 챗GPT나 클로드 대비 처리 속도가 느려집니다.

목적	설정 방법	구성 요소	예상 결과	활용 분야
일반 검색	"최신 웹 소스를 인용하며 자연어로 검색한 정보를 종합적으로 분석해서 알려 주세요."	• 웹 검색 • 소스 인용 • 실시간 업데이트	• 종합적 답변 • 신뢰성 있는 정보 • 최신 데이터	정보 검색 및 조사
콘텐츠 생성	"GPT-4/Claude 3 모델을 사용하여 맞춤형 지시사항에 따른 콘텐츠를 생성해 주세요."	• AI 모델 선택 • 프롬프트 설정 • 출력 형식 지정	• 맞춤형 콘텐츠 • 다양한 포맷 • 소스 기반 생성	콘텐츠 제작
파일 분석	"업로드된 PDF와 이미지 파일을 검색하고 통합 분석하여 인사이트를 도출해 주세요."	• 파일 업로드 • 문서 검색 • 데이터 통합	• 문서 요약 • 통합 분석 • 인사이트 도출	문서 분석 및 연구
협업 공간	"팀원들과 공유할 수 있는 협업 공간을 만들고 적절한 권한을 설정해 주세요."	• 멤버 관리 • 파일 공유 • 권한 제어	• 공동 작업 • 지식 공유 • 프로젝트 관리	팀 협업
금융 분석	"실시간 주식 정보와 기업 실적 데이터를 활용하여 산업 분석을 진행해 주세요."	• 주가 추적 • 재무 데이터 • 산업 비교	• 시장 동향 • 기업 분석 • 투자 인사이트	금융 리서치

인생 후반전 AI와 동행

활용 4. Notion: 정리의 신

4. Notion AI 서비스 개요

1 통합 문서 작성 플랫폼

Notion AI는 Notion에 내장된 강력한 AI 기능으로, 일반적인 문서 작성과 관리 기능에 AI의 지능적 기능을 결합했습니다. 콘텐츠 생성, 편집, 요약, 번역 등을 지원하며, 특히 팀 협업, 프로젝트 관리, 지식 베이스 구축에 탁월한 성능을 보입니다.

2 다양한 활용 사례

회의록 작성, 프로젝트 계획서, 마케팅 콘텐츠, 기술 문서 등 다양한 형태의 문서를 효율적으로 작성할 수 있습니다. 팀 협업 환경에서는 공유 문서 요약, 회의록 자동 정리, 할일 목록 추출 등을 자동화할 수 있습니다.

3 교육 및 연구 분야 활용

교육 분야에서는 수업 계획서 작성, 학습 자료 구성, 학생 피드백 작성 등에 활용됩니다. 연구자들은 문헌 정리, 연구 노트 작성, 아이디어 발전에 AI의 도움을 받을 수 있습니다.

4. Notion AI 활용 시 주의사항

비용 및 기술적 제한

Notion AI는 유료 기능으로 추가 비용이 발생합니다. 인터넷 연결이 필요하며, 서버 부하에 따라 응답 속도가 달라질 수 있습니다.

콘텐츠 품질과 검증

생성된 콘텐츠의 품질은 입력된 프롬프트의 질에 크게 의존합니다. 명확하고 구체적인 지시가 필요하며, 전문적인 내용의 경우 검증이 필요합니다.

보안 및 저작권

민감한 기업 정보나 개인정보가 포함된 문서에 AI 기능을 사용할 때는 주의가 필요합니다. 생성된 콘텐츠의 저작권 정책을 확인하고, 필요한 경우 적절한 귀속을 명시해야 합니다.

팀 환경에서의 사용

팀 환경에서는 AI 기능 사용에 대한 가이드라인을 수립하고, 일관된 사용 방식을 확립하는 것이 중요합니다.

4. Notion AI 회원가입 및 사용법

1   **AI 기능 활용**
'/' 명령어로 AI 호출, 문서 내 직접 지원 요청

2   **AI 기능 활성화**
유료 서비스로 AI 기능 활성화

3   **워크스페이스 생성**
개인 작업 공간 설정

4   **계정 생성**
이메일 또는 구글 계정으로 가입

5   **웹사이트 방문**
notion.so 접속

Notion AI의 사용을 시작하려면 먼저 공식 웹사이트에 접속하여 계정을 만들어야 합니다. 이메일이나 구글 계정을 통해 간편하게 가입할 수 있습니다. 그 후 개인 워크스페이스를 생성하고, AI 기능을 활성화하기 위해 유료 서비스에 가입해야 합니다. AI 기능은 '/' 명령어를 사용하거나 문서 내에서 직접 요청하여 활용할 수 있습니다.

인생 후반전 AI와 동행

챗 GPT가 알려 준 답변을 정리, 활용할 때 노션이 유용합니다. 워드와 달리 스마트폰이나 컴퓨터 등 어디서나 바로 접속할 수 있고, 폴더처럼 깔끔하게 분류해서 보관할 수 있습니다. 실시간 공동 작업도 가능합니다.

목적	세팅 방법	구성 요소	예상 결과	활용 분야
프로젝트 관리	"프로젝트 전체 현황과 팀원별 태스크를 한눈에 볼 수 있는 대시보드 설정"	• 칸반 보드 • 타임라인 • 담당자 태그	• 진행률 추적 • 일정 관리 • 리소스 배분	팀 프로젝트 일정 관리
지식 라이브러리	"회사의 모든 문서와 자료를 체계적으로 정리하는 지식 관리 시스템 구축"	• 폴더 구조 • 태그 시스템 • 검색 최적화	• 문서 체계화 • 빠른 검색 • 버전 관리	자료 관리 정보 공유
회의록 시스템	"회의 준비부터 기록, 후속 조치까지 자동화된 회의 관리 시스템 구축"	• 회의 템플릿 • 할일 연동 • 알림 설정	• 회의 효율화 • 기록 자동화 • 조치 추적	회의 관리 의사결정
채용 관리	"채용 과정 전체를 관리하는 HR 시스템 구축 (지원자 추적부터 온보딩까지)"	• 지원자 DB • 평가 시스템 • 프로세스 관리	• 채용 현황 • 평가 기록 • 온보딩 체크	HR 인재 관리
고객 관리	"고객 정보와 커뮤니케이션 히스토리를 통합 관리하는 CRM 시스템"	• 고객 DB • 연락 기록 • 일정 관리	• 고객 프로필 • 상담 기록 • 일정 알림	영업 고객 서비스

5. Gamma: 프리젠테이션의 신

5. Gamma 서비스 개요

AI 기반 프레젠테이션 플랫폼

Gamma는 AI 기술을 활용한 프레젠테이션 및 문서 제작 플랫폼입니다. 전문적인 디자인 스킬 없이도 고품질의 시각적 콘텐츠를 빠르게 만들 수 있습니다.

시간 단축 및 자동화

텍스트 입력만으로 AI가 자동으로 적절한 레이아웃과 디자인을 제안합니다. 이미지, 차트, 그래프 등 다양한 시각적 요소를 자동으로 생성하고 배치합니다.

웹 기반 실시간 협업

웹 기반 프레젠테이션 기능이 강력하여 온라인 미팅이나 원격 발표에 최적화되어 있습니다. 실시간 협업 기능을 통해 팀원들과 동시에 작업할 수 있습니다.

5. Gamma 활용 시 주의사항

보안 및 저작권

중요한 기업 정보나 민감한 데이터를 포함한 프레젠테이션 제작 시 주의가 필요합니다. AI 생성 이미지나 디자인 요소의 저작권 정책을 확인하고 적절히 관리해야 합니다.

AI 생성 콘텐츠 품질

입력 정보의 질에 따라 AI 생성 콘텐츠의 품질이 크게 달라질 수 있습니다. 전문적인 내용이나 특수 디자인의 경우 수동 조정이 필요할 수 있으며, 생성된 디자인이 항상 브랜드 가이드라인과 일치하지 않을 수 있습니다.

---

5. Gamma 회원가입 및 사용법

1 — 프로젝트 생성 및 공유
AI 템플릿 선택 또는 직접 제작, 실시간 저장 및 공유

2 — 무료 체험판 시작
계정 생성 후 무료 체험 이용

3 — 계정 생성
이메일 또는 구글 계정으로 가입

4 — gamma.app 접속
공식 웹사이트 방문

Gamma 사용을 시작하려면 먼저 gamma.app에 접속하세요. 이메일이나 구글 계정을 이용해 간편하게 가입할 수 있습니다. 계정 생성 후 무료 체험판을 시작하여 Gamma의 기능을 경험해보세요. 새 프로젝트를 만들 때는 AI 템플릿을 선택하거나 직접 제작할 수 있으며, 작업 내용은 실시간으로 저장되고 쉽게 공유할 수 있습니다.

활용 예시

먼저 하고 싶은 주제를 텍스트로 정리한 뒤에 그 내용을 감마에 복사하여 붙여 넣으면 PPT로 전환해 줍니다. 전환된 파일에 아래 예시와 같은 프롬프트를 넣어 주면 더 편하게 작성할 수 있습니다.

목적	프롬프트 예시	구성 요소	예상 결과	활용 분야
투자 피칭	"AI 기반 헬스케어 스타트업의 투자 유치를 위한 피칭덱을 만들어 줘. 시장규모, 경쟁력, 재무계획 포함."	• 산업 분석 • 핵심 지표 • 성장 전략	• 전문적 피칭덱 • 시장 분석 슬라이드 • 투자 유치 전략	스타트업 투자 유치
제품 소개	"신규 SaaS 제품의 기능과 장점을 소개하는 프레젠테이션. 사용자 페인포인트 중심으로 구성해 줘."	• 제품 특징 • 사용자 가치 • 기능 설명	• 임팩트 있는 표지 • 기능 시연 슬라이드 • 도입 효과	제품 런칭 영업
교육 자료	"디지털 마케팅 입문자를 위한 'SNS 마케팅 기초' 강의 자료를 만들어 줘. 실제 사례 포함."	• 학습 목표 • 핵심 개념 • 실습 과제	• 단계별 학습 자료 • 사례 연구 • 실습 가이드	교육 트레이닝
연간 보고	"2024년 마케팅 성과 보고 프레젠테이션. KPI 달성률과 주요 캠페인 성과를 중심으로."	• 성과 지표 • 데이터 분석 • 인사이트	• 성과 대시보드 • 캠페인 분석 • 향후 전략	성과 보고 전략 수립
서비스 기획	"새로운 모빌리티 서비스의 기획안 프레젠테이션. 서비스 플로우와 수익 모델을 상세히."	• 서비스 구조 • 비즈니스 모델 • 로드맵	• 서비스 개요 • 플로우 차트 • 수익 구조	서비스 기획 내부 보고

인생 후반전 AI와 동행

6. Midjourney: 작품 이미지의 신

6. Midjourney 서비스 개요

AI 아트 생성 플랫폼

Midjourney는 텍스트 설명을 바탕으로 고품질의 이미지를 생성하는 AI 아트 생성 플랫폼입니다. Discord를 기반으로 운영되며, 예술적 감각이 돋보이는 이미지 생성이 특징입니다.

다양한 활용 분야

마케팅 비주얼, 책 표지, 제품 컨셉 아트, 캐릭터 디자인 등 다양한 분야에서 활용됩니다. 교육 분야에서는 학습 자료의 삽화, 교과서 이미지, 프레젠테이션 시각자료 제작에 사용됩니다.

높은 품질과 사실성

버전 5부터는 더욱 사실적이고 정교한 이미지 생성이 가능해져, 전문적인 용도로의 활용도가 높아졌습니다. 프롬프트 엔지니어링을 통해 원하는 스타일과 결과물을 더 정확하게 얻을 수 있습니다.

6. Midjourney 활용 시 주의사항

비용 및 접근성

Midjourney는 유료 서비스로, 사용량에 따라 요금이 부과됩니다. Discord를 통해서만 접근 가능하여 일부 사용자에게는 진입 장벽이 될 수 있습니다.

저작권 및 법적 문제

생성된 이미지의 저작권 정책을 확인하고, 상업적 사용 시 적절한 라이선스를 구매해야 합니다. 특정 인물이나 브랜드를 모방하는 이미지 생성은 법적 문제가 될 수 있으므로 주의가 필요합니다.

프롬프트 작성 및 윤리

효과적인 프롬프트 작성법 학습이 중요하며, 윤리적 가이드라인을 준수하여 부적절하거나 유해한 콘텐츠 생성을 피해야 합니다.

처리 시간

실시간 처리 속도는 서버 부하에 따라 달라질 수 있으며, 복잡한 이미지나 특정 시간대에는 처리 시간이 길어질 수 있습니다. 프로젝트 일정 계획 시 이를 고려해야 합니다.

6. Midjourney 회원가입 및 사용법

1

Discord 계정 생성

Midjourney를 사용하기 위해 먼저 Discord 계정을 만들어야 합니다. Discord는 Midjourney의 인터페이스 역할을 합니다.

2

Midjourney 서버 참여

Midjourney 웹사이트에서 공식 Discord 서버에 참여합니다. 이 서버에서 AI 이미지 생성 기능을 사용할 수 있습니다.

3

채널 선택 및 명령어 입력

적절한 채널을 선택한 후, '/imagine' 명령어를 입력합니다. 그 다음 원하는 이미지에 대한 상세한 설명(프롬프트)을 작성합니다.

4

이미지 생성 및 선택

AI가 4개의 이미지를 생성합니다. 이 중 마음에 드는 이미지를 선택하여 추가적인 변형이나 확대를 할 수 있습니다.

인생 후반전 AI와 동행

활용 예시

미드저니는 한글 인식이 약합니다. 만들고 싶은 이미지에 대해 한글로 작성 후 챗 GPT를 통해 영어로 전환하여 사용하시면 됩니다. 이미지의 질적인 측면에서 우수하나 사용이 쉽지가 않기 때문에, 편하게 쓰려면 챗 GPT나 캔바(Canva) 활용을 추천합니다.

목적	프롬프트 예시	구성 요소	예상 결과	활용 분야
제품렌더링	"/imagine minimalist smart watch on marble surface, product photography, studio lighting, 8k, highly detailed --ar 4:5"	• 제품 설명 • 배경 설정 • 기술 사양	• 고품질 제품 이미지 • 상업용 퀄리티 • 마케팅 활용가능	제품 촬영 광고
캐릭터디자인	"/imagine young female warrior, fantasy armor, glowing magical sword, detailed character design, concept art style --v 5"	• 캐릭터 특징 • 장비 설명 • 아트 스타일	• 독창적 캐릭터 • 세밀한 디테일 • 게임용 퀄리티	게임 디자인 캐릭터 아트
환경디자인	"/imagine futuristic cyberpunk cafe interior, neon lights, holographic displays, rainy atmosphere, ultra detailed --ar 16:9"	• 공간 컨셉 • 분위기 설정 • 세부 요소	• 몰입감 있는 공간 • 미래적 분위기 • 영화적 퀄리티	컨셉 아트 공간 디자인
브랜드아트	"/imagine elegant perfume bottle on black surface, luxury product photography, golden reflections, high fashion --v 5"	• 제품 특성 • 촬영 스타일 • 고급감 요소	• 럭셔리한 이미지 • 브랜드 적합성 • 광고 활용성	브랜딩 광고
일러스트	"/imagine whimsical children's book illustration, magical forest, cute animals, soft colors, storybook style --q 2"	• 일러스트 스타일 • 주요 요소 • 색감 설정	• 동화같은 그림 • 따뜻한 분위기 • 아동용 적합성	출판 교육

활용 7. Suno: 1초 음악의 신

7 : Suno: 1초 음악의 신

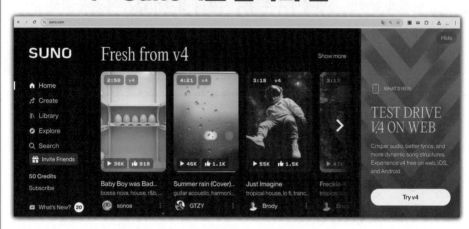

7. Suno 서비스 개요

초고속 검색 엔진

1초 만에 원하는 음악을 찾아주는 혁신적인 AI 검색 엔진으로, 수백만 곡의 방대한 음악 라이브러리를 보유하고 있습니다.

AI 기반 맞춤 추천

사용자의 취향과 청취 기록을 분석하여 개인화된 음악을 추천해주는 AI 알고리즘으로, 매일 새로운 음악과 플레이리스트를 제공합니다.

폭넓은 음악 콘텐츠

클래식부터 K-POP, 인디음악까지 다양한 장르를 아우르며, 고품질 스트리밍과 함께 아티스트 정보, 가사 등 풍부한 부가 서비스를 제공합니다.

인생 후반전 AI와 동행

7. Suno 활용 시 주의사항

데이터 사용량

Suno를 사용하면 데이터 사용량이 증가할 수 있습니다. Wi-Fi 환경에서 사용하거나 데이터 사용량을 제한하는 것을 고려해 보세요.

저작권

Suno에서 제공하는 음악은 저작권 보호를 받습니다. 불법적인 복제 및 배포는 금지됩니다.

개인 정보 보호

Suno는 사용자의 개인 정보를 보호하기 위해 최선을 다합니다. 개인 정보 보호 정책을 참고하세요.

7. Suno 회원가입 및 사용법

Suno 앱 설치

먼저 Suno 앱을 설치합니다.

Suno 이용

회원가입 후 Suno 서비스를 이용할 수 있습니다.

1　　**2**　　**3**

회원가입

Suno 앱에서 간편하게 회원가입을 진행합니다.

활용 예시

수노는 한글 명령을 인식하기는 하나 영어를 더 잘 이해합니다. 수노만으로 곡을 만들 수 있지만 수준 높은 곡을 원하면 챗GPT에게 곡의 목적(예, 결혼축가, 생일, 감사, 힐링)을 주고 그에 어울리는 가사와 스타일링을 제안해달라고 한 뒤 수노에 입력하면 됩니다.

목적	프롬프트 예시	구성 요소	예상 결과	활용 분야
브랜드 BGM	"Create an upbeat corporate background music with modern beat, professional and tech-focused, 120 BPM"	• 템포 설정 • 분위기 • 브랜드 톤	• 전문적 BGM • 브랜드 적합성 • 루프 가능	기업 브랜딩
게임 음악	"Generate epic battle theme music with orchestral instruments, intense drums, rising tension, fantasy style"	• 장르 지정 • 악기 구성 • 분위기	• 웅장한 BGM • 게임 몰입도 • 반복 재생성	게임 미디어
명상 음악	"Create calming meditation music with nature sounds, soft piano, ambient pad, 60 BPM"	• 템포 • 사운드 • 목적성	• 편안한 음악 • 치유 효과 • 지속 가능성	웰빙 힐링
광고 징글	"Generate catchy 15-second jingle, positive energy, memorable melody, brand-friendly"	• 길이 • 톤 • 메모성	• 중독성 멜로디 • 브랜드 연상 • 상업성	광고 마케팅
팟 캐스트 인트로	"Create podcast intro music, professional tech vibe, dynamic start, 20 seconds with clear ending"	• 시간 • 스타일 • 구조	• 프로페셔널 • 시그니처성 • 반복 활용성	미디어 콘텐츠

인생 후반전 AI와 동행

활용 8. 클로바노트: 회의록의 신

8. 클로바노트: 회의록 비서

ClovaNote

서비스 소개   앱 다운로드   기업용 ↗

개인용 시작하기   로그인

클로바노트
음성 그 이상의 기록

모바일 앱 다운로드하고
어디서나 편하게
클로바노트를 사용하세요

2022.6

8. 클로바노트 서비스 개요

1 회의 시작
클로바노트를 실행하고 회의를 시작합니다.

2 음성 기록
회의 내용이 자동으로 기록됩니다.

3 텍스트 변환
음성 기록을 텍스트로 변환합니다.

4 요약 및 저장
회의 내용을 요약하고 저장합니다.

8. 클로바노트 활용 시 주의사항

개인 정보 보호
클로바노트는 사용자의 개인 정보를 보호하기 위해 최선을 다합니다. 개인 정보 보호 정책을 참고하세요.

저작권
클로바노트를 통해 기록된 회의 내용은 저작권 보호를 받습니다. 불법적인 복제 및 배포는 금지됩니다.

오류 가능성
클로바노트는 인공지능 기술을 기반으로 하기 때문에 오류가 발생할 수 있습니다. 기록 내용을 확인하고 필요한 경우 수정하세요.

---

8. 클로바노트 회원가입 및 사용법

1
클로바 앱 설치
먼저 스마트폰에 클로바 앱을 설치합니다.

2
회원가입
클로바 앱에서 간편하게 회원가입을 진행합니다.

3
클로바노트 이용
회원가입 후 클로바노트 서비스를 이용할 수 있습니다.

인생 후반전 AI와 동행

활용 예시

주요 미팅 시 녹음을 하면, 녹음 내용을 텍스트로 전환하고 요약 정리도 해 줍니다. 아직 맥락 파악이 약하기 때문에 녹음으로만 활용하고 풀 텍스트를 복사해서 다른 AI에 요점 정리를 해 달라고 하면 더 좋습니다.

목적	설정 방법	구성 요소	예상 결과	활용 분야
임원 회의	"회의명: 2024 전략회의, 참석자: 대표님, 팀장단, 자동 구분 ON, 주요 키워드 태깅"	• 화자 구분 • 중요도 표시 • 키워드 설정	• 구조화된 회의록 • 의사결정 사항 • 자동 요약본	전략 회의 의사결정
고객 인터뷰	"1:1 인터뷰, 질문자/응답자 구분, 감정 분석 ON, 타임스탬프 활성화"	• 대화 구분 • 감정 태그 • 시간 기록	• 상세 대화록 • 감정 흐름 • 핵심 피드백	리서치 고객 조사
팀 미팅	"주간 팀미팅, 6인 구분, 할일 자동 추출, 마감일 태깅"	• 멤버 구분 • 태스크 추출 • 일정 관리	• 액션 아이템 • 담당자 지정 • 일정 정리	프로젝트 일정 관리
강의 기록	"강의명: AI 기초, 챕터 구분 ON, 핵심 개념 하이라이트"	• 섹션 구분 • 중요 표시 • 개념 정리	• 강의 노트 • 주요 개념 • 학습 자료	교육 학습
전화 상담	"고객 상담 기록, 상담원/고객 구분, 주요 요청사항 표시"	• 화자 구분 • 요청 분류 • 응대 기록	• 상담 기록 • 처리 사항 • 후속 조치	고객 서비스 품질 관리

활용 9. 주요 AI 핵심 특징 비교

서비스명/주소	핵심특징	활용팁
ChatGPT chat. openai.com (만능 AI)	- 다재다능한 대화 능력과 창의적 작업에 강점 - 때때로 환각(hallucination) 현상이 발생 - 일반적인 대화, 창의적 작업, 다국어 지원에 강점	- 전문용어는 예시 요청하기 - 답변 내용은 재확인 필수 - 대화 컨텍스트 유지하며 질문
Perplexity (검색 글쓰기 신)	- 실시간 웹 검색 기능을 통해 최신 정보에 접근 - 출처를 명확히 제공 - 연구, 최신 정보 수집, 특정 분야 조사에 적합	- 명확하고 구체적인 질문을 입력 - 검색 모드를 선택(예: 학술, 뉴스, 비디오)하여 최적화된 결과 도출
Claude anthropic.com (감성 글쓰기의 신)	- 감성적이고 창의적인 글쓰기 특화 - 윤리적 응답과 안전성에 중점 - 대용량 텍스트 수용으로 복잡한 작업 가능	- 복잡한 문제는 작은 단계로 나누어 질문 - 피드백으로 답변 완성도 높이기
Gamma gamma.app (프레젠테이션의 신)	- 전문가급 PPT 자동 생성 - AI 기반 디자인 추천 - 실시간 협업 가능	- 핵심 키워드 중심으로 작성 - 이미지 키워드 상세 입력 - 색상 톤 미리 설정
Notion notion.so (정리의 신)	- 모든 문서 체계적 정리 - 실시간 팀 협업 가능 - 자유로운 페이지 구성	- 업무별 템플릿 둘러보기 - 프로젝트별 구조화 - 단축키 먼저 익히기
Midjourney midjourney.com (작품이미지의 신)	- 예술적 퀄리티의 이미지 생성 - 독특한 스타일 구현 - 고해상도 출력 지원	- 상세한 이미지 묘사하기 - 레퍼런스 이미지 활용 - 프롬프트 최적화
Suno sunoai.com (1초 음악의 신)	- 즉각적인 음악 생성 - 다양한 장르 지원 - 저작권 걱정 없음	- 장르 키워드 구체화 - 분위기 상세 설명 - 템포/악기 지정
클로바노트 clovanote. naver.com (회의록의 신)	- 음성-텍스트 변환 편리 - 실시간 회의록 작성 - 다중 화자 구분하여 요약 기능	- 화자별 이름 지정 - 중요 부분 태그 활용 - 자동 번역 기능 활용

14장
상황별 프롬프트 가이드

14장에서는 AI와 더 효과적으로 대화하는 방법을 알려 드립니다. 마치 식당에서 음식을 주문할 때 구체적으로 요청하면 원하는 음식이 나오듯이, AI에게도 명확하게 요청하는 것이 중요합니다.

AI는 마치 거대한 도서관처럼 엄청난 지식을 가지고 있지만, 그 지식을 제대로 끌어내는 것은 우리의 질문 방식에 달려있습니다. 예를 들어 '여행 정보 알려줘'라고 막연하게 물어보는 것보다, '제주도 3박 4일 여행, 60대 부부, 렌터카 이용, 숙소는 호텔, 예산 100만 원'처럼 구체적으로 요청하면 훨씬 더 유용한 답변을 받을 수 있습니다.

이 장에서는 실제 업무나 생활에서 필요한 문서들에 적합한 프롬프트(지시문)를 정리했습니다. 회의록 작성, 브로셔 디자인, 사업 제안서, 청첩장 문구, 홍보 전략 등 다양한 상황별로 AI에게 어떻게 요청하면 좋을지 핵심 키워드와 지시문 템플릿을 준비해 두었습니다. 이러한 프롬프트를 활용하시면, 필요할 때마다 빠르고 정확하게 AI의 도움을 받을 수 있습니다.

<u>예시1. 회의록 작성</u>

프롬프트 명령어

다음 회의 내용을 전문적인 회의록 형식으로 작성해 주세요:

[필수 포함 요소]
- 회의명: [회의 제목]
- 일시: [YYYY.MM.DD HH:MM-HH:MM]
- 장소: [회의 장소]
- 참석자: [참석자 명단과 직책]
- 회의 안건: [주요 논의 사항을 글머리 기호로]
- 결정사항: [합의된 내용을 번호로]
- 향후 계획: [후속 조치 사항을 표로]

핵심 요소:
1. 의사결정 사항과 담당자 명확히 기재
2. 시간 순서대로 논의 내용 정리
3. 객관적이고 명확한 표현 사용

AI 답변 예시

[회의록]

1. 회의 개요
- 회의명: 2025년 1분기 신제품 출시 전략 회의
- 일시: 2025.01.13 14:00-16:00
- 장소: 본사 3층 대회의실
- 참석자: 마케팅팀 김 과장(PM), 개발팀 이 부장, 디자인팀 박 차장, 영업
  팀 최 과장

2. 회의 안건
- 신제품 A의 출시 일정 확정
- 마케팅 예산 배분 계획
- 온/오프라인 프로모션 전략 수립
- 경쟁사 제품 분석 결과 공유

3. 주요 논의 내용
① 신제품 출시 일정
- 2월 15일 공식 출시 확정
- 사전 예약 판매: 2월 1일부터
- 온라인 쇼룸 오픈: 1월 25일

② 마케팅 예산 배분
- 총 예산: 3억 원
- 디지털 마케팅: 1.5억 원 (50%)

- 오프라인 행사: 1억 원 (33%)
- 예비 예산: 0.5억 원 (17%)

4. 결정 사항

1) 출시 기념 사전 예약 고객 대상 할인율 30% 확정
2) 인플루언서 마케팅 예산 증액 (5천만 원 → 8천만 원)
3) 팝업 스토어 2개점 운영 (강남, 홍대)

5. 후속 조치 사항

담당자	업무 내용	마감일
김 과장	마케팅 세부 계획 수립	1/20
이 부장	제품 최종 테스트 완료	1/25
박 차장	온라인 쇼룸 디자인 확정	1/18
최 과장	판매점 계약 체결	1/30

6. 다음 회의 일정

- 일시: 2025.01.20 14:00
- 장소: 같은 장소

예시2. 블로그 글 작성

프롬프트 명령어

다음 조건에 맞는 블로그 포스팅을 작성해 주세요:

[기본 정보]
- 주제: [블로그 주제]
- 목표 독자: [타겟 독자층]
- 글의 목적: [정보 전달/설득/엔터테인먼트 등]
- 핵심 키워드: [주요 SEO 키워드 3-5개]
- 글의 길이: [희망 글자 수]

[구조적 요소]
1. 흥미로운 도입부
2. 소제목을 활용한 단락 구분
3. 핵심 정보를 표/리스트로 정리
4. 실용적인 팁 제공
5. 독자 참여 유도 마무리

[톤앤매너]
- 친근하고 전문적인 어조
- 쉬운 설명과 구체적 예시 포함
- 독자와 대화하는 듯한 문체

AI 답변 예시

[2025년 재테크 트렌드] 월급쟁이도 할 수 있는 현실적인 투자 전략

안녕하세요! 오늘은 직장인들이 가장 궁금해하는 재테크 이야기를 나눠보려고 합니다.

특히 2025년 달라진 금융 환경에서 어떻게 투자하면 좋을지, 제가 실제로 경험한 내용을 바탕으로 알려드릴게요.

■ 왜 2025년은 투자의 적기일까?

최근 금리 인하 기조와 함께 부동산 시장이 바닥을 찍었다는 전망이 나오고 있는데요. 이런 상황에서 우리가 주목해야 할 포인트들을 살펴보겠습니다.

1. 금리 하락 국면 진입

- 기준금리 2024년 대비 0.5%p 하락 예상

- 예금 금리 매력도 감소

- 투자 자산 선호도 증가

2. 현실적인 투자 전략

① 급여의 10%는 무조건 저축하기

  - 급여일에 자동이체 설정

  - 비상금 계좌 별도 운영

② 분산 투자의 기술

  - 주식:채권:현금 = 4:4:2 배분

  - 해외 자산 30% 이상 보유

③ 정기적인 포트폴리오 점검

　- 월 1회 자산 배분 확인

　- 분기별 수익률 분석

※ 실제 투자 후기

제가 작년부터 이 방식으로 투자를 시작했는데요, 연 수익률 12%를 달성할 수 있었습니다. 물론 이는 개인의 투자 경험이며, 똑같은 수익을 보장하지는 않습니다.

■ 2025년 주목해야 할 투자 키워드

#테크주 #대체투자 #리츠 #배당주 #인덱스펀드

여러분은 어떤 투자 전략을 가지고 계신가요? 댓글로 여러분의 투자 노하우도 공유해 주세요! 다음에는 각 투자 방법별 구체적인 실행 방법을 소개해 드리도록 하겠습니다.

예시3. 자기소개서 작성

프롬프트 명령어

다음 조건에 맞는 자기소개서를 작성해 주세요:

[기본 정보]
- 지원 분야: [직무명]
- 지원 기업: [기업명]
- 경력 사항: [주요 경력]
- 핵심 역량: [강점 3가지]
- 지원 동기: [지원 계기]

[필수 포함 요소]
1. 성장 과정에서의 직무 연관성
2. 구체적인 업무 성과와 수치
3. 입사 후 포부와 비전
4. 차별화된 강점
5. 기업 분석 내용

[작성 스타일]
- 구체적인 사례 중심
- 성과 중심적 서술
- 기업 핵심가치 연계
- STAR 기법 활용

인생 후반전 AI와 동행

AI 답변 예시

[자기소개서]

1. 지원동기와 입사 후 포부
어릴 때부터 새로운 기술에 대한 호기심이 많았던 저는, 귀사의 혁신적인
AI 기술 개발 현황을 접하고 깊은 인상을 받았습니다. 특히 귀사가 추진하
고 있는 'AI 기반 스마트시티 프로젝트'에 참여하여 제 기술력을 활용하고
싶습니다.

2. 직무 관련 경험과 역량
저는 전 직장에서 3년간 AI 개발자로 근무하며 다음과 같은 성과를 올렸습
니다:

① 이미지 인식 시스템 개발 프로젝트
- 정확도 95% 달성 (기존 대비 15% 향상)
- 처리 속도 30% 개선
- 고객사 만족도 조사 4.8/5.0 획득

② 신규 알고리즘 개발 및 특허 출원
- 딥러닝 기반 예측 모델 개발
- 국내 특허 2건 출원
- 글로벌 컨퍼런스 발표 2회

3. 성격의 장단점
주도적인 문제 해결 능력과 끈기 있는 추진력이 저의 가장 큰 장점입니다.

전 직장에서 야간 서버 장애 발생 시, 자발적으로 TF팀을 구성하여 48시간 만에 문제를 해결한 경험이 있습니다.

4. 입사 후 포부
귀사의 'AI 퍼스트' 전략에 맞춰, 첫 1년간 다음과 같은 목표를 달성하고자 합니다:
- AI 모델 최적화로 운영 비용 20% 절감
- 신규 특허 기술 1건 이상 개발
- 사내 AI 교육 프로그램 런칭

입사하게 된다면, 귀사의 AI 기술 발전에 기여하여 글로벌 AI 기업으로 성장하는 데 힘을 보태고 싶습니다.

예시4. 이력서 작성

프롬프트 명령어

다음 요구사항에 맞는 이력서를 작성해 주세요:

[기본 정보 구성]

- 인적사항: [기본 정보]

- 학력사항: [최종학력부터 역순]

- 경력사항: [최근 경력부터 역순]

- 자격증/어학: [관련 자격 사항]

- 수상경력: [주요 수상 내역]

[경력 기술 방법]

1. 직무 중심의 업무 설명

2. 정량적 성과 위주 서술

3. 프로젝트별 주요 역할

4. 업무 성과의 수치화

5. 핵심 역량 강조

[차별화 포인트]

- 직무 연관성 강조

- 성과 중심 기술

- 전문성 부각

AI 답변 예시

[이력서]

■ 인적사항

- 성명: 홍길동

- 생년월일: 1992.01.13

- 연락처: 010-1234-5678

- 이메일: hong@email.com

■ 학력사항

2015.03 - 2017.02 한국대학교 컴퓨터공학과 석사 (4.3/4.5)

2011.03 - 2015.02 한국대학교 컴퓨터공학과 학사 (4.1/4.5)

■ 경력사항

[현) ABC기술 데이터사이언스팀 과장]

2020.03 - 현재

- AI 기반 예측 모델 개발 및 운영

　·매출 예측 정확도 92% 달성

　·운영 비용 35% 절감

- 빅데이터 플랫폼 구축

　·일 500만 건 데이터 처리 시스템 구축

　·처리 속도 65% 개선

[전) DEF기업 AI개발팀 대리]

2017.03 - 2020.02

- 자연어 처리 엔진 개발
  · 인식 정확도 88% 달성
  · 고객 만족도 25% 향상
- 챗봇 시스템 구축
  · 응답 정확도 95% 달성
  · 고객 문의 처리시간 50% 단축

■ 자격증/어학
- 정보처리기사 (2015)
- 빅데이터분석기사 (2018)
- TOEIC 925점 (2023)
- OPIc IH (2024)

■ 수상경력
- 2023 전국 AI 개발 공모전 대상
- 2022 데이터 분석 콘테스트 우수상

■ 보유 기술
- 프로그래밍: Python, R, Java
- 프레임워크: TensorFlow, PyTorch
- 데이터베이스: MySQL, MongoDB
- 클라우드: AWS, GCP

예시5. 면접 답변 준비

프롬프트 명령어

다음 면접 질문에 대한 답변을 준비해 주세요:

[질문 유형]
직무 관련 질문
인성 질문
상황 질문
압박 질문

[답변 구성 요소]
구체적 사례 포함
STAR 기법 활용
수치화된 성과 언급
회사 연관성 강조

[답변 스타일]
간단명료한 구성
논리적 전개
긍정적 태도
진정성 있는 표현

AI 답변 예시

Q: "최근에 경험한 가장 어려운 문제와 해결 과정을 설명해 주세요."

A: (STAR 기법 활용 답변)

[상황-Situation] "전 직장에서 AI 모델의 정확도가 갑자기 30% 하락하는 긴급 상황이 발생했습니다."

[과제-Task] "서비스 중단 없이 48시간 내에 문제를 해결하고, 재발 방지 대책을 수립해야 했습니다."

[행동-Action] "1. 즉시 비상 대응팀을 구성하여 로그 분석 착수 2. 데이터 품질 문제 발견 및 전처리 로직 개선 3. A/B 테스트로 개선된 모델 검증 4. 모니터링 시스템 강화"

[결과-Result] "- 36시간 만에 정확도 95%로 회복

모니터링 자동화로 유사 문제 재발 방지

해당 경험을 사내 기술 블로그에 공유하여 모범 사례로 선정"

예시6. 청첩장 문구 작성

프롬프트 명령어

다음 조건에 맞는 청첩장 문구를 작성해 주세요:

[기본 정보]
- 예식일시: [날짜 및 시간]
- 예식장소: [장소명과 주소]
- 신랑신부: [이름과 관계]
- 혼주정보: [양가 부모님]

[문구 스타일]
1. 따뜻하고 정감 있는 톤
2. 계절감 표현 포함
3. 초대의 진정성 전달
4. 간결하고 품위 있는 표현

[필수 포함 요소]
- 초대 인사말
- 장소 안내
- 드레스코드 (선택)
- 기타 안내사항

AI 답변 예시

[청첩장]

따스한 봄날의 시작,
사랑이 만개하는 순간에
소중한 분들을 모시고 싶습니다.

김우진과 이서연,
이제 부부가 되어
새로운 봄을 맞이하려 합니다.

바쁘신 가운데 찾아 주셔서
저희의 봄날을 더욱 빛내 주시면
더할 나위 없는 기쁨이 되겠습니다.

일시: 2025년 3월 15일 토요일 오후 2시
장소: 가든웨딩홀 2층 컨벤션홀
주소: 서울시 강남구 청담동 123-45

드레스코드: Spring Pastel
(연한 파스텔톤 의상을 준비해 주시면 감사하겠습니다)

신랑 김우진 신부 이서연 올림

[혼주]

신랑측 | 아버지 김영호 어머니 박미영

신부측 | 아버지 이정훈 어머니 최수진

※ 축하화환은 정중히 사양합니다

※ 주차 가능하며, 발렛 서비스 이용 가능합니다

인생 후반전 AI와 동행

예시7. 기업 소개 브로슈어

프롬프트 명령어

다음 요구사항에 맞는 기업 브로슈어를 작성해 주세요:

[기업 정보]
- 회사명: [회사명]
- 설립연도: [설립일]
- 주요사업: [사업 영역]
- 핵심가치: [기업 가치]
- 실적/성과: [주요 성과]

[구성 요소]
1. 기업 소개
2. 사업 영역
3. 핵심 경쟁력
4. 주요 성과
5. 미래 비전

[작성 스타일]
- 전문적이고 신뢰감 있는 톤
- 데이터 기반 서술
- 비주얼 요소 고려
- 간결한 문장 구조

AI 답변 예시

[테크놀로지 리더, ABC Tech]

■ Company Overview
혁신적인 기술로 미래를 선도하는 ABC Tech는
2015년 설립 이래 AI 기반 솔루션을 통해
글로벌 디지털 혁신을 이끌어 왔습니다.

"Technology for Humanity"
인류의 더 나은 미래를 위한 기술 혁신

■ Our Business
[AI 솔루션]
- 맞춤형 AI 엔진 개발
- 빅데이터 분석 플랫폼
- 클라우드 인프라 구축

[디지털 트랜스포메이션]
- 기업 맞춤 DX 컨설팅
- 레거시 시스템 현대화
- 업무 프로세스 자동화

■ Key Achievements
- 글로벌 특허 보유: 127건
- 연구개발 투자: 매출의 25%

- 고객사: 국내외 500개 기업
- 직원 수: 1,200명

■ Our Vision 2030

"AI First, Human Centered"

- 글로벌 TOP 10 AI 기업 도약
- 연간 매출 1조 원 달성
- 탄소중립 기업 실현

■ Core Values

Innovation | Passion | Integrity | Collaboration

■ Global Network

- R&D Center: 서울, 실리콘밸리, 베를린
- 지사: 12개국 15개 도시
- 파트너사: 전 세계 200개사

■ Contact Us

서울특별시 강남구 테헤란로 123

Tel: 02-123-4567

Email: contact@abctech.com

예시8. 기업 소개 자료

프롬프트 명령어

다음 요소를 포함한 기업 소개 자료를 작성해 주세요:

[필수 구성 요소]
1. 회사 개요
2. 사업 영역
3. 주요 실적
4. 조직 문화
5. 인재상

[표현 방식]
- 간결하고 명확한 문장
- 구체적인 수치 활용
- 차별화 포인트 강조
- 기업 가치 반영

[형식]
- 제목/소제목 구조화
- 핵심 정보 시각화
- 전문적인 어조
- 독자 관점 고려

AI 답변 예시

[혁신을 선도하는 글로벌 기업, XYZ Corporation]

About Us
창립일: 1995년
임직원: 3,200명
본사: 서울시 영등포구
해외법인: 12개국 15개소

Our Business
— IT 솔루션
· 클라우드 서비스
· 보안 솔루션
· AI 플랫폼

— 디지털 컨설팅
· 디지털 전환
· 프로세스 혁신
· 데이터 분석

Key Achievements
• 매출액
2022: 5,200억 원
2023: 6,500억 원
2024: 8,100억 원

• 주요 성과

- 글로벌 특허 350건
- R&D 투자 1,200억 원
- 고객사 2,000개 보유

Corporate Culture
[소통과 혁신]
• 수평적 조직문화
• 자율 출퇴근제
• 창의적 업무환경
• 지속적 학습지원

[복리후생]
• 자기계발비 지원
• 의료비 지원
• 사내 어린이집
• 리프레시 휴가

인재상
"Passionate Pioneer"
- 도전정신
- 전문성
- 협업능력
- 글로벌 마인드

연락처
Tel: 02-555-1234
Email: contact@xyz.com
Website: www.xyz.com

예시9. 신사업 제안서

프롬프트 명령어

다음 구조로 신사업 제안서를 작성해 주세요:

[제안서 구성]
1. Executive Summary
2. 시장 분석
3. 사업 모델
4. 수익성 분석
5. 실행 계획

[포함 요소]
- 시장 규모와 성장성
- 경쟁사 분석
- 차별화 전략
- 재무 계획
- 리스크 분석

[작성 원칙]
- 데이터 기반 논리 전개
- 실현 가능성 입증
- 구체적 수치 제시
- 명확한 실행 방안

AI 답변 예시

[메타버스 기반 직무교육 플랫폼 사업 제안서]

1. Executive Summary

■ 사업 개요

- 사업명: 메타캠퍼스(MetaCampus)

- 목적: 메타버스 기술 활용 기업 맞춤형 직무교육 플랫폼 구축

- 목표: 2026년까지 기업교육 시장점유율 25% 달성

■ 핵심 가치 제안

- 실재감 높은 가상 교육환경 제공

- AI 기반 맞춤형 학습 경로 설계

- 비용 절감 및 교육 효과 극대화

2. 시장 분석

■ 시장 규모

- 글로벌 기업교육 시장: 350조 원 (2024년 기준)

- 연평균 성장률: 15%

- 2026년 예상 시장규모: 460조 원

■ 경쟁사 분석

구분 | 당사 | A사 | B사

--|--|--|--

기술력 | 메타버스+AI | 온라인 동영상 | 실시간 화상

가격 | 중간 | 저가 | 고가

차별성 | 높음 | 낮음 | 중간

3. 사업 모델

■ 수익 구조

- 기업 구독형 라이선스

- 맞춤형 콘텐츠 제작

- API 제공 및 파트너십

■ 차별화 전략

- 특허 기술 활용 실감형 교육

- AI 기반 학습 분석 제공

- 글로벌 기업 맞춤형 솔루션

4. 재무 계획

■ 초기 투자비용: 50억 원

- 플랫폼 개발: 30억 원

- 마케팅: 15억 원

- 운영비: 5억 원

■ 수익 전망

연도	매출액	영업이익
2025	100억	10억
2026	300억	50억
2027	700억	140억

5. 실행 계획

■ 1단계 (2025.1Q~2Q)

- 핵심 기술 개발 완료

- 베타 서비스 론칭

■ 2단계 (2025.3Q~4Q)

- 국내 대기업 10개사 도입

- 플랫폼 안정화

■ 3단계 (2026)

- 글로벌 시장 진출

- 협력사 네트워크 구축

예시10. 프로젝트 기획서

프롬프트 명령어

다음 요구사항에 맞는 프로젝트 기획서를 작성해 주세요:

[기획서 구성]

1. 프로젝트 개요

2. 현황 분석

3. 추진 전략

4. 실행 계획

5. 기대 효과

[포함 요소]

- 목표와 범위

- 일정과 예산

- 조직과 역할

- 위험 관리

- 성과 지표

[작성 원칙]

- 구체적인 수치 제시

- 명확한 책임 소재

- 실현 가능한 계획

- 측정 가능한 목표

AI 답변 예시

[메타버스 기반 고객 서비스 플랫폼 구축 프로젝트]

1. 프로젝트 개요
- 프로젝트명: META-CS
- 기간: 2025.03 ~ 2025.12 (10개월)
- 예산: 30억 원
- 목적: 메타버스 기술 활용 고객 서비스 혁신

2. 현황 분석
- AS-IS
- 전화/채팅 기반 CS
- 평균 응대시간 15분
- 고객만족도 75점
- 월간 운영비용 5억 원

- TO-BE
- 메타버스 기반 실감형 CS
- 평균 응대시간 5분
- 고객만족도 90점
- 월간 운영비용 3억 원

3. 추진 전략
- 핵심 전략
Phase 1: 기반 구축 (3개월)

인생 후반전 AI와 동행

Phase 2: 시스템 개발 (5개월)

Phase 3: 시범 운영 (2개월)

■ 추진 조직

- 총괄: 디지털혁신팀

- 개발: 메타버스개발팀

- 운영: CS혁신팀

- 자문: 외부 컨설팅

4. 세부 실행 계획

■ 1단계: 기반 구축

- 3월: 요구사항 분석

- 4월: 시스템 설계

- 5월: 인프라 구축

■ 2단계: 시스템 개발

- 6-7월: 코어 시스템 개발

- 8-9월: 통합 테스트

- 10월: 사용자 테스트

■ 3단계: 시범 운영

- 11월: 파일럿 테스트

- 12월: 전사 확산

5. 위험 관리

■ 예상 리스크
- 기술적 한계
- 일정 지연
- 예산 초과
- 사용자 저항

■ 대응 방안
- 단계별 검증
- 여유 일정 확보
- 예비 예산 편성
- 변화관리 강화

6. 기대 효과
■ 정량적 효과
- 운영비용 40% 절감
- 고객만족도 15점 상승
- 업무효율 200% 향상

■ 정성적 효과
- 서비스 품질 혁신
- 기업 이미지 제고
- 디지털 역량 강화

예시11. 프레젠테이션 자료

프롬프트 명령어

다음 형식의 프레젠테이션 자료를 작성해 주세요:

[기본 구조]

- 표지

- 목차

- 본문 (섹션별)

- 결론

[슬라이드 요소]

1. 핵심 메시지

2. 데이터 시각화

3. 실행 계획

4. 기대 효과

[작성 원칙]

- 한 슬라이드 당 한 가지 메시지

- 간결한 문구 사용

- 시각적 요소 활용

- 논리적 흐름 유지

AI 답변 예시

[디지털 혁신 전략 2025]

[Slide 1 - Cover]

Digital Innovation Strategy 2025

"Transform the Future"

디지털혁신팀

2025.01.13

[Slide 2 - Contents]

1. 현황 분석

2. 추진 전략

3. 실행 계획

4. 기대 효과

[Slide 3 - 현황 분석]

디지털 전환 시급성

- 업무 효율: 동종업계 최하위
- 고객 만족도: 75점 (업계 평균 82점)
- 레거시 시스템 운영 비용: 연간 50억

[Slide 4 - 추진 전략]

"Cloud First, AI Driven"

1) 클라우드 전환

2) AI 도입

인생 후반전 AI와 동행

3) 프로세스 혁신

[Slide 5 - 실행 계획]
Phase 1 (2025.1Q)
- 클라우드 이전 착수
- AI 파일럿 테스트

Phase 2 (2025.2Q-3Q)
- 핵심 업무 시스템 전환
- AI 모델 고도화

Phase 3 (2025.4Q)
- 전사 확산
- 성과 분석

[Slide 6 - 투자 계획]
총 투자비: 100억 원
- 시스템 구축: 60억 원
- 인프라 구축: 30억 원
- 변화관리: 10억 원

[Slide 7 - 기대효과]
정량적 효과
- 운영비용 30% 절감
- 업무 생산성 50% 향상

- 고객 만족도 90점 달성

정성적 효과
- 디지털 역량 강화
- 시장 경쟁력 제고
- 조직 문화 혁신

[Slide 8 - 추진 조직]
디지털혁신추진단
- 총괄: CTO
- 인원: 50명
- 조직: 4개 팀

예시12. 소상공인 마케팅 문구

프롬프트 명령어

다음 조건에 맞는 마케팅 문구를 작성해 주세요:

[기본 정보]
- 업종: [업종명]
- 타겟: [목표 고객층]
- 특징: [차별화 포인트]
- 시즌: [계절/시기]

[문구 요소]
1. 주목도 높은 헤드라인
2. 핵심 가치 제안
3. 행동 유도 문구
4. 프로모션 내용

[작성 스타일]
- 간결하고 명확한 표현
- 감성적 요소 활용
- 구체적 혜택 제시
- 긴급성/희소성 강조

AI 답변 예시

[동네 빵집 봄 시즌 마케팅 문구]

■ SNS 홍보 문구

"❀ 봄날의 달콤한 시작

수제 딸기 생크림 빵

단 7일간의 특별한 만남"

♥ 제철 딸기로 매일 아침 만드는

신선한 딸기 생크림의 달콤함

✦ 3월 한정 프로모션

- 2개 구매 시 1개 더!

- 전 품목 10% 할인

- 커피 세트 구매 시 20% 할인

□ 오전 8시부터 선착순 50개 한정

어제도 오전 10시 완판!

📍 위치: 행복동 123-4

(3번 출구에서 도보 3분)

☎ 예약: 02-123-4567

#동네빵집 #수제딸기빵

#봄한정판 #갓군빵

■ 문자 메시지용

[해피베이커리]

봄 시즌 한정!

딸기 생크림 빵 출시♥

2+1 이벤트 진행 중

→ 방문예약 시 추가 5% 할인

■ 전단지용

[3월의 달콤한 선물]

해피베이커리 봄맞이 페스티벌

1. 신메뉴 출시

- 딸기 생크림 빵

- 벚꽃 마카롱

- 봄 한정 케이크

2. 특별 혜택

- 오픈런 50% 할인

- 2+1 이벤트

- 적립금 2배

3. 이달의 이벤트

- 인스타 인증샷 이벤트

- 첫 방문 고객 샘플러 증정

- 생일자 추가 할인

예시13. 소상공인 SNS 홍보 전략

프롬프트 명령어

다음 요소를 포함한 SNS 홍보 전략을 작성해 주세요:

[기본 정보]
- 업종: [업종명]
- 타겟층: [주요 고객]
- 주력상품: [대표 상품]
- 위치: [상권 특성]

[전략 구성]
1. 채널별 전략
2. 콘텐츠 기획
3. 홍보 일정
4. 예산 계획

[실행 방안]
- 채널 운영 방법
- 콘텐츠 제작 팁
- 고객 소통 방법
- 성과 측정 방법

AI 답변 예시

[동네 카페 SNS 마케팅 전략]

1. 채널별 전략
- ■ 인스타그램
- 감성적인 사진/영상 중심
- 해시태그 전략 활용
- 스토리 실시간 소통

- ■ 카카오톡
- 채널 친구 확보
- 쿠폰/이벤트 진행
- 메뉴 정보 공유

- ■ 네이버 플레이스
- 방문 후기 관리
- 매장 정보 최신화
- 예약 시스템 활용

2. 콘텐츠 기획
- ■ 주간 콘텐츠 캘린더

월: 신메뉴 소개

화: 고객 후기

수: 커피 정보

목: 이벤트

금: 주말 스페셜

토/일: 매장 분위기

■ 콘텐츠 유형

- 메뉴 사진/영상

- 제조 과정

- 바리스타 스토리

- 매장 일상

- 고객 후기

3. 실행 계획

■ 일일 운영

- 피드 1-2회 업로드

- 스토리 3-4회 업데이트

- 댓글/DM 수시 확인

■ 주간 캠페인

- 요일별 할인

- 인증샷 이벤트

- 신메뉴 투표

■ 월간 이벤트

- 시즌 메뉴 출시

- 정기 할인전

- 회원 특별전

인생 후반전 AI와 동행

4. 제작 노하우

■ 사진 촬영

- 자연광 활용

- 구도/앵글 통일

- 컬러톤 일관성

■ 해시태그

#동네카페 #홍대카페

#브런치카페 #디저트

#카페스타그램

5. 성과 측정

■ 주요 지표

- 팔로워 증가율

- 게시물 반응

- 방문 전환율

- 매출 연계성

■ 월간 리포트

- 인사이트 분석

- 인기 콘텐츠

- 고객 피드백

예시14. 주식시장 분석 리포트

프롬프트 명령어

다음 구조의 주식시장 분석 리포트를 작성해 주세요:

[리포트 구성]

1. 시장 동향

2. 업종별 분석

3. 주요 이슈

4. 투자 전략

[분석 요소]

- 거시경제 지표

- 시장 수급 동향

- 업종별 실적

- 리스크 요인

[작성 원칙]

- 객관적 데이터 기반

- 명확한 논리 전개

- 실용적 제언 포함

- 핵심 지표 시각화

AI 답변 예시

[2025년 1월 주간 시장 분석 리포트]

1. 시장 동향
- 주요 지수 동향

KOSPI: 3,850.25 (+2.3% WoW)

KOSDAQ: 1,250.15 (+1.8% WoW)

미국 S&P500: 5,230.50 (+1.5% WoW)

- 거래대금
- 일평균 거래대금: 15.5조원
- 외국인 순매수: +2.3조원
- 기관 순매수: +1.5조원

2. 업종별 분석
- 반도체/IT
- 실적 호전 지속
- 신규 수주 증가
- 투자의견: Overweight

- 2차전지
- 원자재 가격 안정
- 수주잔고 확대
- 투자의견: Neutral

■ 바이오/제약

- 임상 3상 호조

- M&A 기대감

- 투자의견: Overweight

3. 주요 이슈

■ 글로벌 이슈

- 미 연준 금리 인하 시그널

- 중국 경기 부양책 확대

- 유가 상승세 둔화

■ 국내 이슈

- 수출 증가세 확대

- 기업실적 개선 전망

- 추경 예산 편성 검토

4. 투자 전략

■ 전략적 제언

- 실적 개선주 중심 포트폴리오 구성

- 고배당주 비중 확대

- 중장기 성장주 발굴

■ 추천 종목

대형주:

- A전자: 목표가 85,000원

- B반도체: 목표가 150,000원
- C에너지: 목표가 45,000원

중소형주:
- D바이오: 목표가 35,000원
- E소프트: 목표가 28,000원

■ 리스크 요인
- 환율 변동성
- 원자재 가격 상승
- 지정학적 리스크

※ 본 리포트는 투자 참고 자료이며,
　 투자 책임은 투자자 본인에게 있습니다.

예시15. 소설 작성

프롬프트 명령어

다음 요소를 포함한 소설을 작성해 주세요:

[기본 설정]

- 장르: [소설 장르]

- 주제: [핵심 주제]

- 시점: [서술 시점]

- 배경: [시간/공간]

- 등장인물: [주요 인물]

[구성 요소]

1. 흥미로운 도입부

2. 갈등과 전개

3. 클라이맥스

4. 결말

[서술 스타일]

- 생생한 묘사

- 몰입감 있는 전개

- 자연스러운 대화

- 깊이 있는 감정

AI 답변 예시

[제목: 봄이 오는 시간]
장르: 현대 로맨스
시점: 3인칭 관찰자

1장. 시작

봄이 오기엔 아직 이른 2월의 어느 날이었다.
서울 종로의 한 오피스 빌딩 17층, 김지현은
노트북 화면에 비친 자신의 얼굴을 바라보며
한숨을 내쉬었다.

"또 야근이구나."

시계는 이미 저녁 9시를 가리키고 있었다.
창밖으로는 하나둘 불빛이 켜진 빌딩들이
서울의 밤하늘을 수놓고 있었다. 그때,
메신저 알림음이 울렸다.

[이준우 팀장]
- 지현씨, 프로젝트 자료 다 됐나요?
- 내일 아침 회의 전까지만 보내 주세요.

지현은 잠시 키보드 위에서 멈춘 손가락을
바라보았다. 한 달째 이어지는 야근,

점점 지쳐 가는 일상이었다.

그러던 그때, 갑자기 모니터가 깜빡이더니
완전히 꺼져 버렸다. 당황한 지현이 전원
버튼을 눌러 보았지만 반응이 없었다.

"아, 어떡하지…"

그때 등 뒤에서 목소리가 들려왔다.

"도움이 필요하신가요?"

고개를 돌리자 처음 보는 얼굴의 남자가
서 있었다. 검은 셔츠에 청바지를 입은
그는 수리업체 직원처럼 보였다.

"네… 갑자기 컴퓨터가 꺼져서요."

"한번 볼게요."

남자는 자연스럽게 컴퓨터 앞에 앉았다.
지현은 그의 옆모습을 슬쩍 바라보았다.
어딘가 모르게 평범하지 않은 분위기가
감돌았다.

"아, 여기 문제가 있네요."

그가 손을 대자 모니터가 마법처럼 다시
켜졌다. 하지만 화면에는 이상한 메시지가
떠 있었다.

[당신의 시간을 되돌려 드립니다.
수락하시겠습니까? Y/N]

이 책은 퇴임을 앞둔 분들에게 우리의 경험과 생각, 그리고 AI 활용 사례를 공유하고자 하는 소박한 마음에서 비롯되었습니다. 처음에는 퇴임자를 위한 AI 강의로 기획했지만, 퇴임 이후 우리의 생각과 감정의 변화, 그리고 방황의 이야기가 더해지면서 더 많은 분들과 나누고 싶은 바람이 커졌고, 결국 책으로 발간하게 되었습니다.

글을 쓰는 동안 우리는 퇴임 이후의 여정을 돌아보며, 마음 깊이 간직해 온 생각과 감정들을 꺼내 진지하게 마주했습니다.

서로의 이야기에 귀 기울이며 걸어온 길을 되짚다 보니, 마치 오래된 영화를 다시 보는 듯한 감회가 들기도 했습니다. 이 시간은 우리의 삶을 진정성 있게 정리하는 값진 순간이었습니다.

이 책을 읽는 분들이 퇴임자의 마음을 미리 들여다보고 그 마음을 공감하며, 나아가 배움을 실천으로 옮기는 첫걸음을 내딛는 실천의 힘을 갖기를 바라며 이 글을 썼습니다. 공감은 같은 마음을 나누며 서로를 이해하는 출발점입니다. 이 책이 여러분의 마음에 닿아, 공감과 공명을 일으키며 AI와의 여정을 시작하는 계기가 되기를 바랍니다.

나아가 빠르게 변화하는 시대에 조기 은퇴를 맞이한 30-40대 분들에게도 우리의 경험이 작은 도움이 되길 희망합니다.

인생의 전환점에서 느끼는 불안과 기대, 그리고 새로운 도전을 향한 열정은 나이를 초월해 모두가 공감할 수 있는 이야기일 것입니다.

앞으로 새로운 여정을 준비하는 모든 분들께 우리의 이야기가 작은 힘과 영감이 되길 진심으로 바랍니다.

| 하마터면 퇴직을 슬퍼할 뻔했다 |

인생 후반전
AI와 동행

ⓒ 김희연 · 고규영 · 정진혁, 2025

초판 1쇄 발행 2025년 3월 12일
　　　2쇄 발행 2025년 4월 3일

지은이　　김희연 · 고규영 · 정진혁
펴낸이　　이기봉
편집　　　좋은땅 편집팀
펴낸곳　　도서출판 좋은땅
주소　　　서울특별시 마포구 양화로12길 26 지월드빌딩 (서교동 395-7)
전화　　　02)374-8616~7
팩스　　　02)374-8614
이메일　　gworldbook@naver.com
홈페이지　www.g-world.co.kr

ISBN　979-11-388-4062-0 (03190)